# le mie attività Montessori

## un quaderno per arricchire il lessico e scoprire la natura e il mondo

Attività pensate da Ève Herrmann
e illustrate da Roberta Rocchi

L'ippocampo Ragazzi

# PICCOLA NOTA ALL'ATTENZIONE DEI GENITORI

La pedagogia Montessori offre al bambino una visione globale del mondo, spingendolo a scoprire ambiti diversi, dalla botanica alla zoologia e alle scienze.
Lo si invita a osservare, manipolare e comprendere la realtà attraverso attività adatte al suo livello e incentrate sui suoi interessi.
In questo quaderno, piccolo riflesso della pedagogia Montessori, troverete idee e suggerimenti pratici per accompagnare vostro figlio e rispondere alla sua preziosa curiosità.

## Qualche consiglio

- Le attività proposte toccano molteplici argomenti che potranno in seguito essere ulteriormente sviluppati e approfonditi o viceversa completare un tema già trattato.
- Prima di iniziare un'attività, presentate brevemente il tema, invitando il bambino a riflettere ed esprimere ciò che conosce già al riguardo. Cercate sempre di collegare l'argomento alla sua quotidianità e ad altre attività.

- Assistete vostro figlio nel ritagliare e nel preparare l'attività. Potete colorare le immagini per renderle più stimolanti, a meno che il bambino non desideri farlo lui.
- Mostrategli come svolgere l'attività ma lasciatelo poi libero di fare a modo suo e di correggersi da sé ove possibile. Questo gli permetterà di ragionare e sviluppare attenzione e senso critico. Ogni attività sarà per lui un'occasione per imparare, scoprire, concentrarsi e guadagnare fiducia in se stesso.
- Perché il bambino possa ripetere le attività da ritagliare, riponete le carte in una busta e incollatevi sopra il relativo adesivo (in fondo al quaderno). Potete fissare la busta alla pagina con una graffetta. In tal modo, il bambino avrà sempre le carte a portata di mano. La ripetizione è essenziale nella pedagogia Montessori, perché ripetendo il bambino memorizza e approfondisce le proprie conoscenze. Cercando di migliorare di volta in volta i suoi risultati con lo stesso materiale, imparerà anche a perfezionarsi.

# LA GEOGRAFIA

Lo studio della geografia ti mette in relazione con il resto del mondo in cui vivi.

# Colora e ritaglia i continenti:

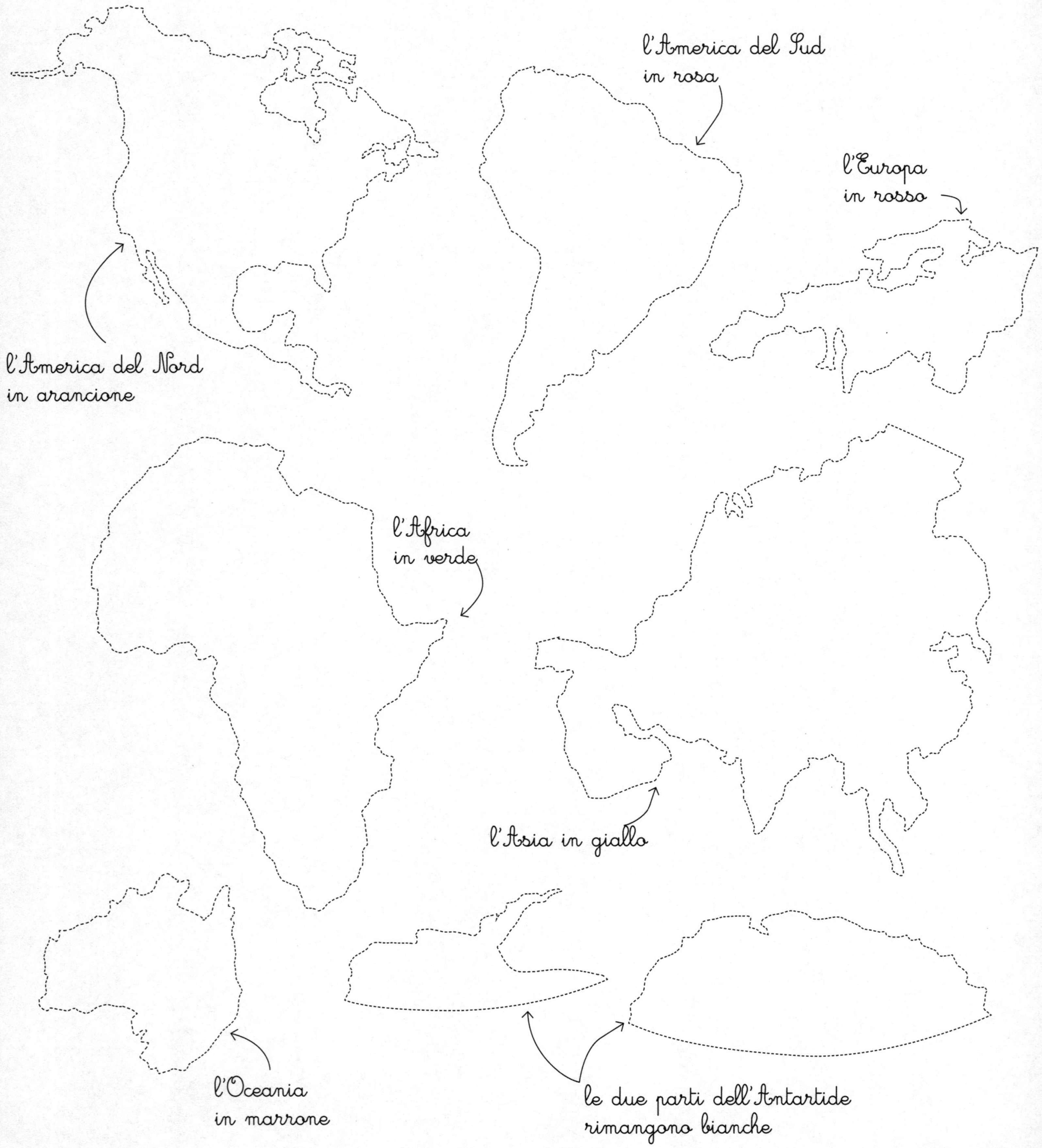

# I continenti del mondo

Dal momento che la Terra è una sfera, non puoi vedere tutti i continenti insieme. Per farlo, bisogna appiattire la sfera. Queste due metà di Terra si chiamano «emisferi».

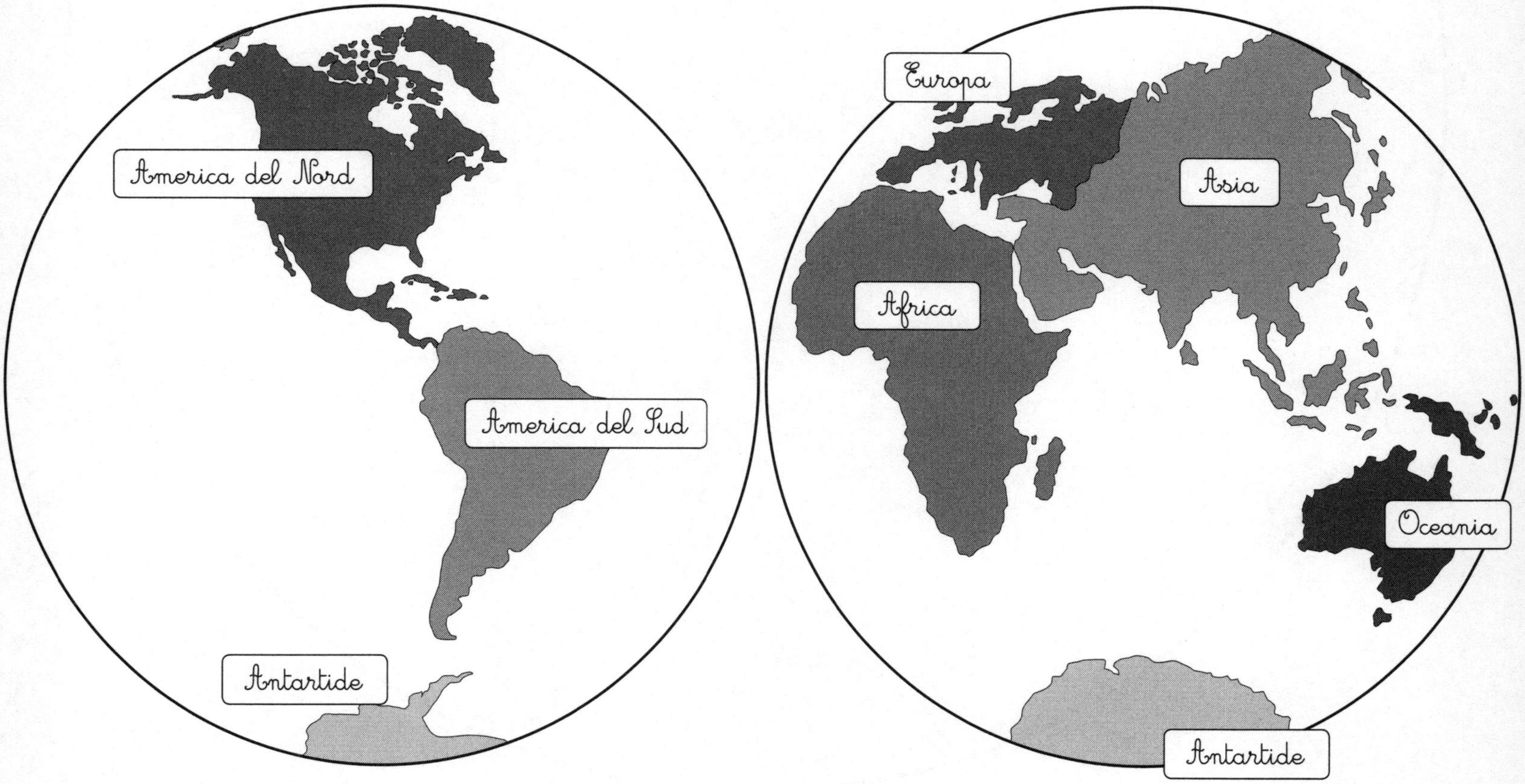

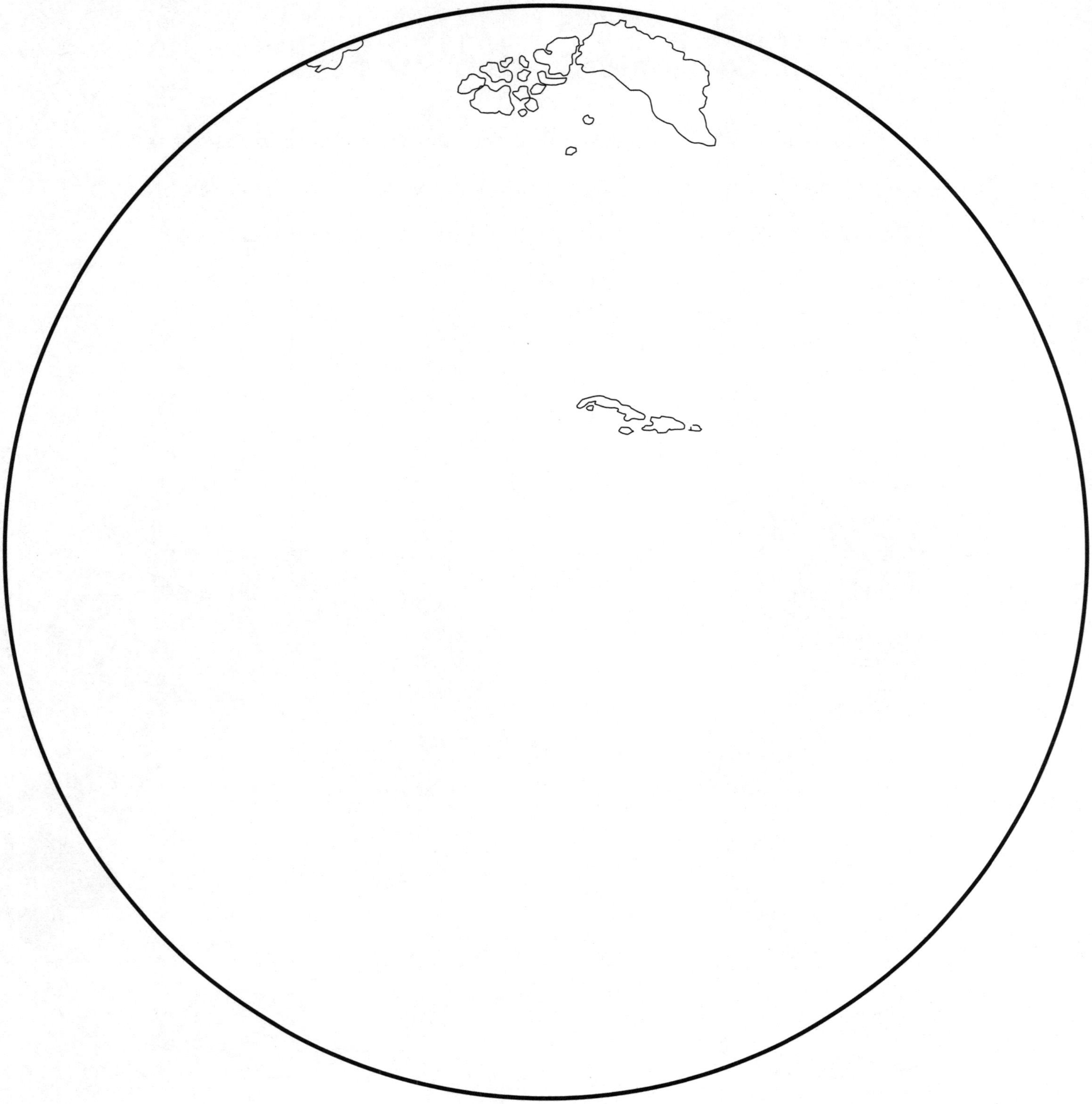

Colora i due emisferi in blu, poi incolla
al posto giusto i continenti ritagliati a pagina 6.
Aiutati col mappamondo a pagina 7.

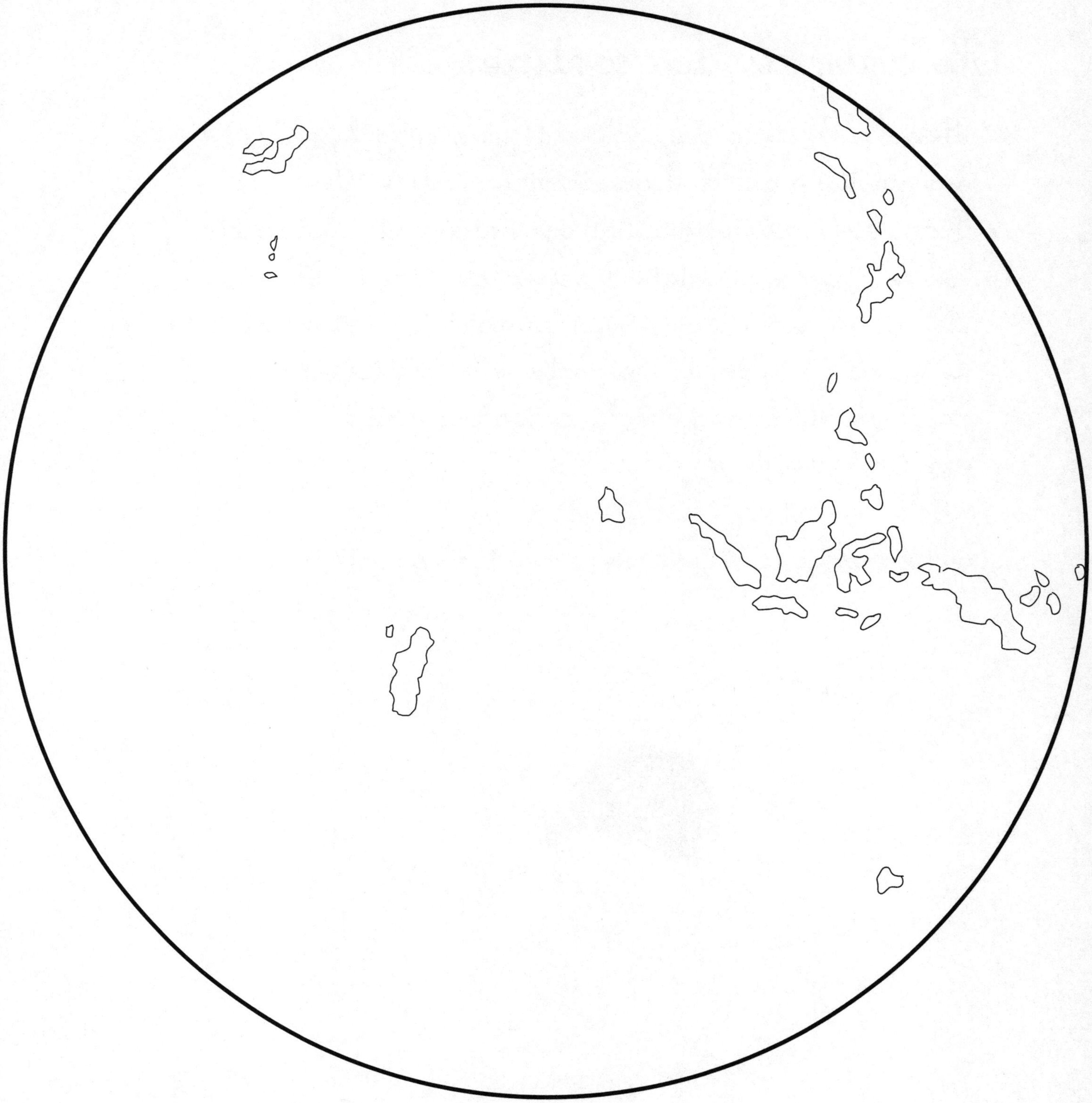

In seguito, incolla gli adesivi che trovi
alla fine del quaderno per indicare
i nomi dei vari continenti.

# Gli animali dei continenti

- Ritaglia le carte dei continenti (pagina a fianco e seguenti) e quelle degli animali (pagine 18 e 19).
- Raggruppa gli animali di ogni continente aiutandoti con le sagome riportate a destra su ogni carta.
- Quando ti senti pronto, puoi provare a suddividere di nuovo gli animali per continente, questa volta nascondendo le sagome. Ti serviranno solo per correggerti.

Puoi colorare i continenti come sul tuo planisfero.

## Europa

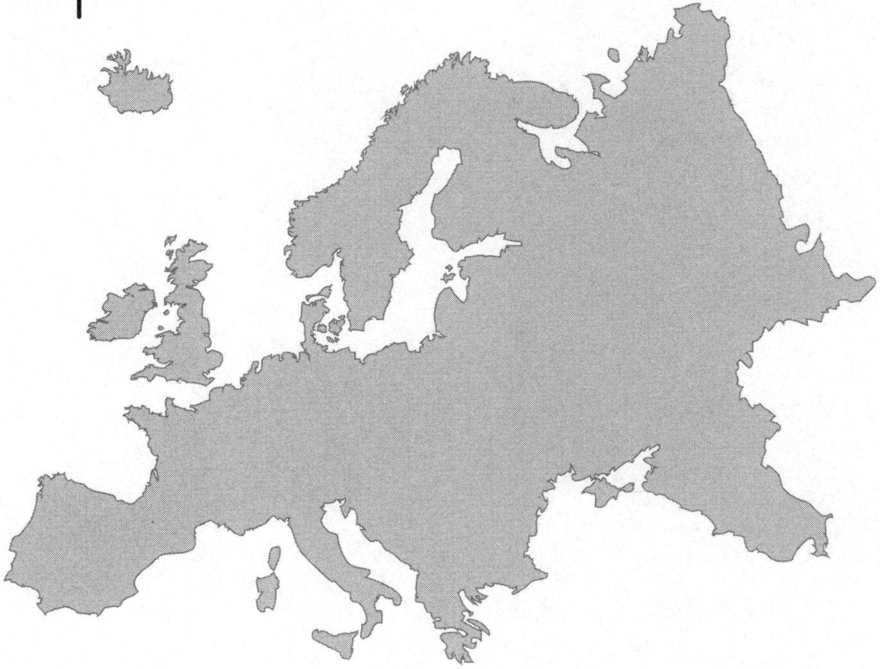

scoiattolo

volpe rossa

lepre europea

germano reale

riccio

## Africa

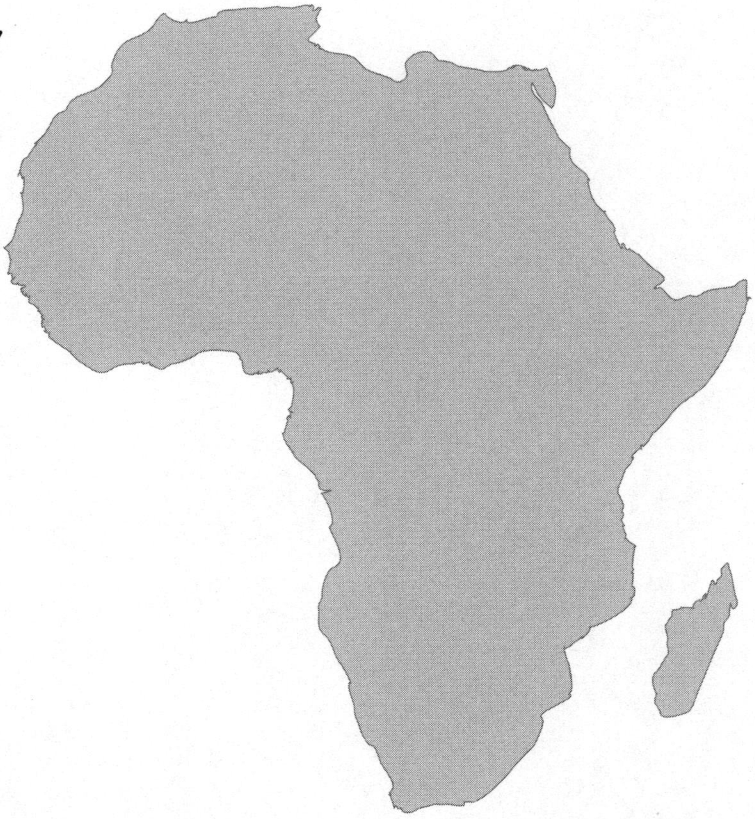

zebra

ippopotamo

leone

giraffa

coccodrillo

## Asia

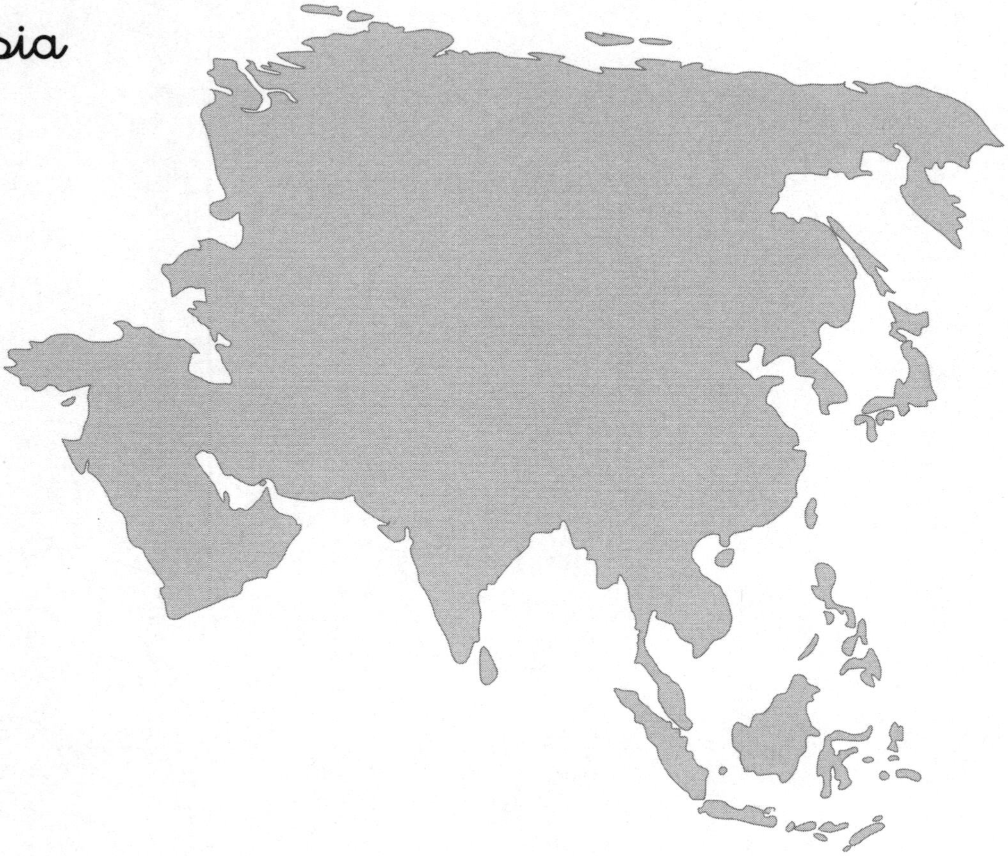

panda

elefante asiatico

tigre

orango

cobra

## Oceania

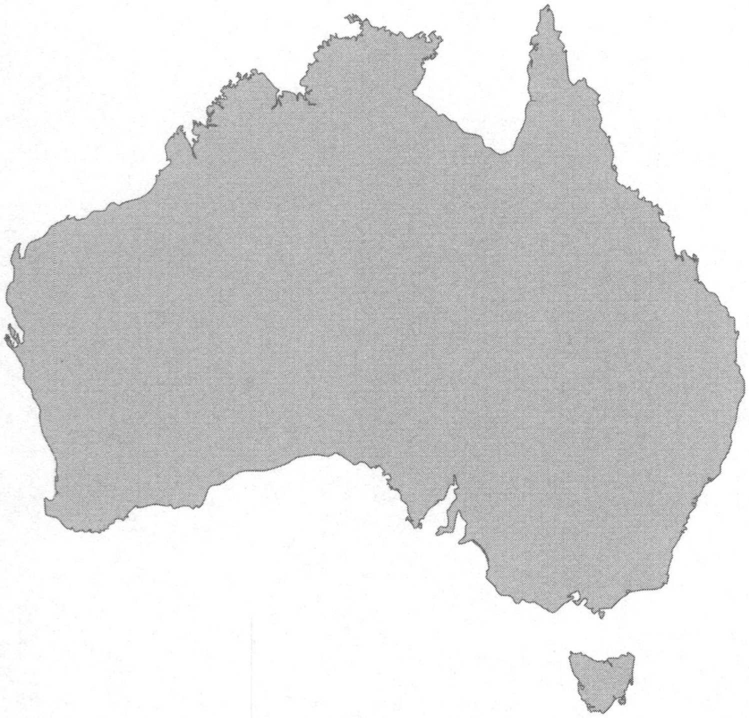

canguro

koala

kiwi

ornitorinco

cacatua

## America del Nord

bisonte

aquila reale

orso grizzly

procione

tartaruga del deserto

## America del Sud

tucano

giaguaro

lama

colibrì

iguana

# Animali da ritagliare

Quando hai finito, puoi metterli in una busta
per ripetere l'attività di classificazione un altro giorno.
Sulla busta incolla l'adesivo **Gli animali dei continenti**
(lo trovi in fondo al quaderno).

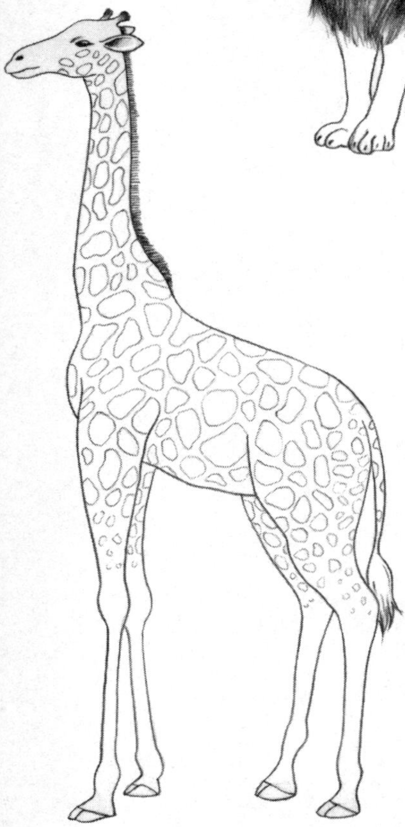

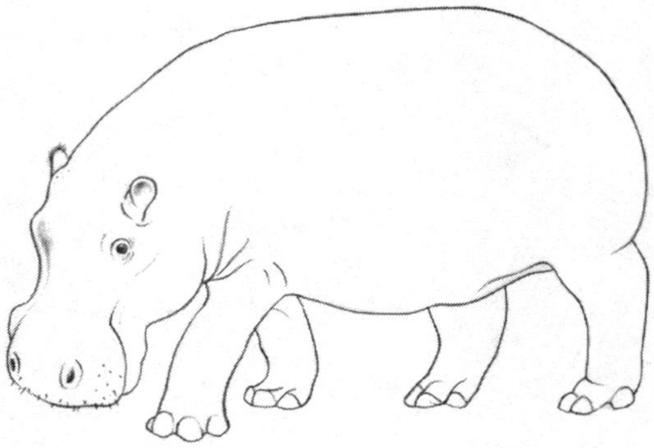

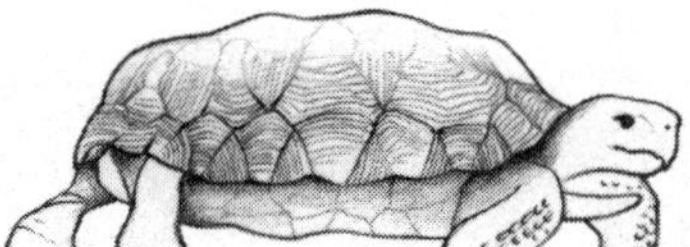

**Consiglio per i genitori:**
Prima di ritagliare, potete incollare queste pagine su un cartoncino e colorare gli animali perché il bambino li riconosca più facilmente.

# Le formazioni geografiche

Ecco le forme che può assumere
la terra quando incontra l'acqua.
Colora l'acqua in blu (aree bianche)
e la terra in marrone (aree grigie).

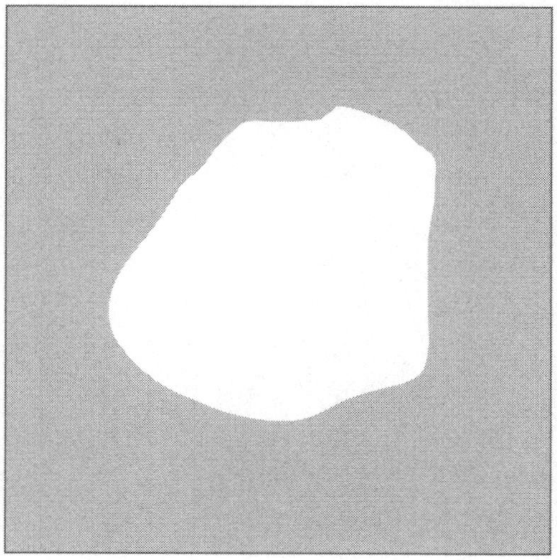

lago

isola

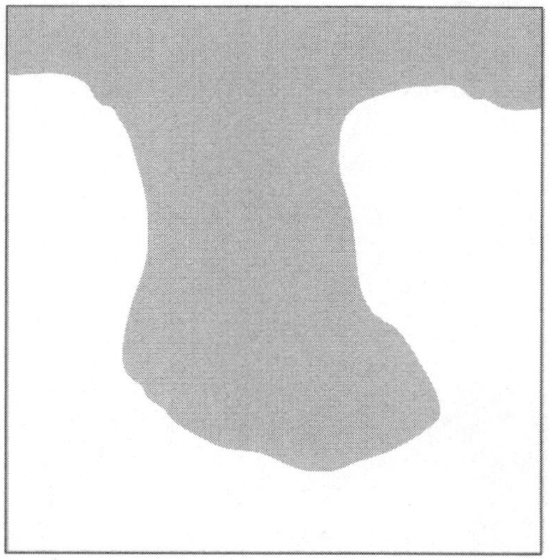

penisola

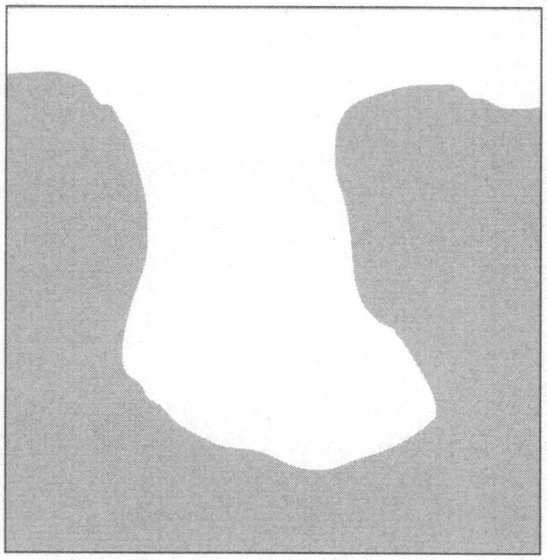

golfo

baia

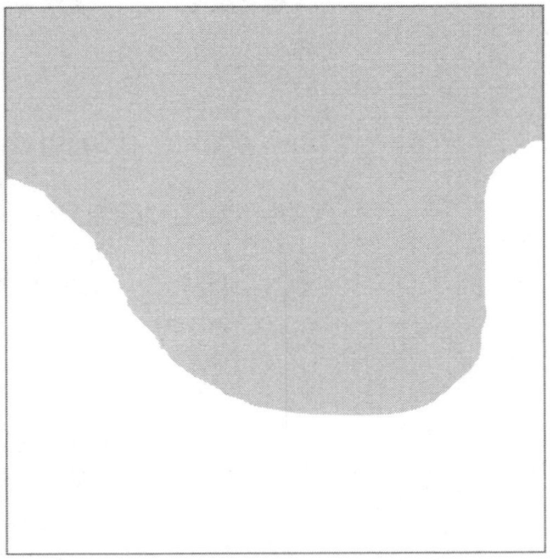

capo

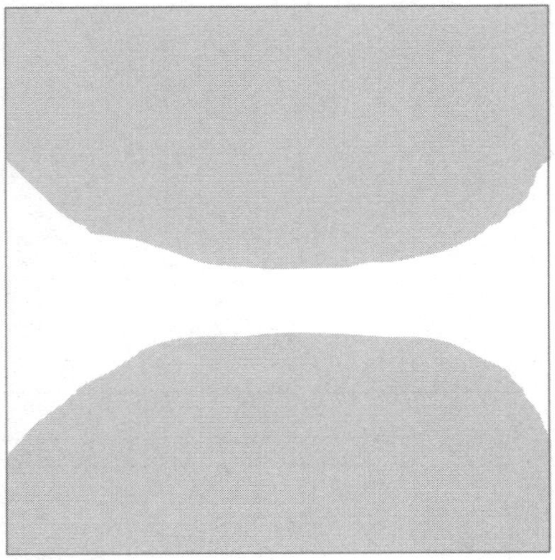

stretto

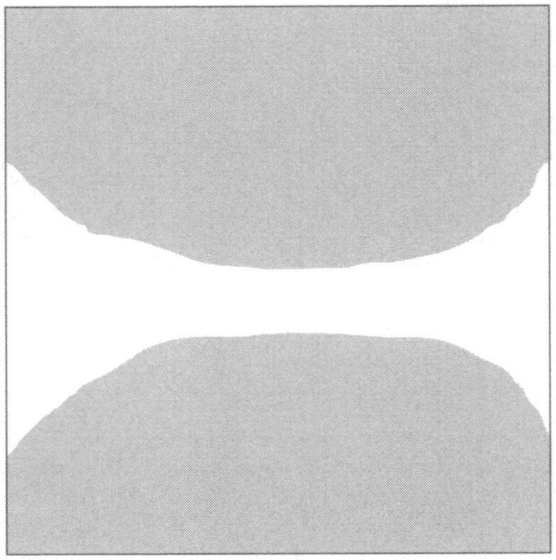

istmo

**Consiglio per i genitori:**
Potete riprodurre questi schemi usando della carta azzurra per l'acqua e carta vetrata sottile per la terra. Attraverso il tatto, il bambino avrà così una conoscenza sensoriale delle formazioni geografiche. Cercate immagini che illustrino queste formazioni in un atlante o in un libro di geografia.

Divertiti a fare dei calchi in argilla.
Ti serviranno:

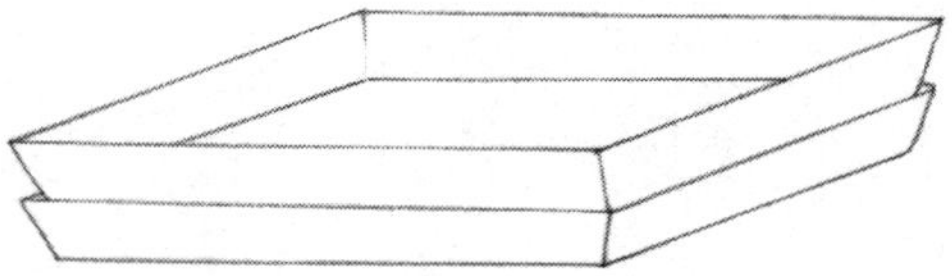

2 vaschette

una brocca riempita
di acqua colorata di blu

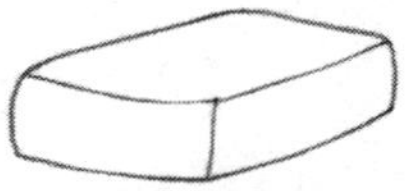

dell'argilla

un coltellino
per tagliare l'argilla

degli adesivi
(in fondo al quaderno)

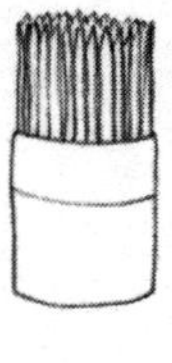

degli stuzzicadenti

# Fabbrica un'isola e un lago

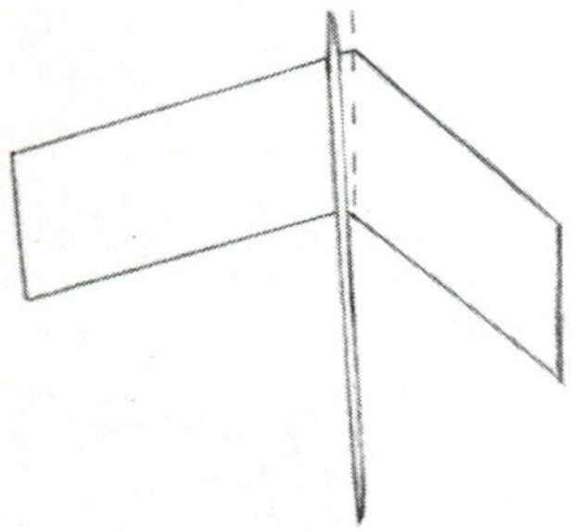

❶ Incolla ogni adesivo
a cavallo di uno stuzzicadenti
per creare una bandierina.

❷ Stendi bene l'argilla nella prima vaschetta.

❸ Scegli la formazione
geografica che vuoi realizzare.
Ritagliane la forma nell'argilla
con il coltellino.

❹ Estrai delicatamente
la forma che hai ritagliato...

**5** … e appoggiala nell'altra vaschetta.

**6** Riempi il buco creato nella prima vaschetta con dell'acqua.

**7** Riempi la seconda vaschetta, badando a non ricoprire l'argilla.

**8** Pianta le bandierine nell'argilla per identificare le due formazioni geografiche: il lago e l'isola.

# Terra, acqua e aria

Il nostro pianeta è composto di **terra** e d'**acqua** ed è circondato d'**aria**. Osserva attentamente le immagini della pagina a fianco, ritagliale e associale all'elemento corrispondente.

- Prepara 3 vasetti.
- Riempi il primo con l'acqua, il secondo con la terra e nel terzo non mettere niente, tanto l'aria c'è già!
- Incolla sui vasetti gli adesivi **terra**, **acqua** e **aria** (in fondo al quaderno).
- Ora suddividi le carte per elemento, incolonnandole davanti ai vasetti corrispondenti.
- Puoi correggerti voltando le carte: il disegno sul dorso deve essere lo stesso di quello riportato sull'adesivo del vasetto.

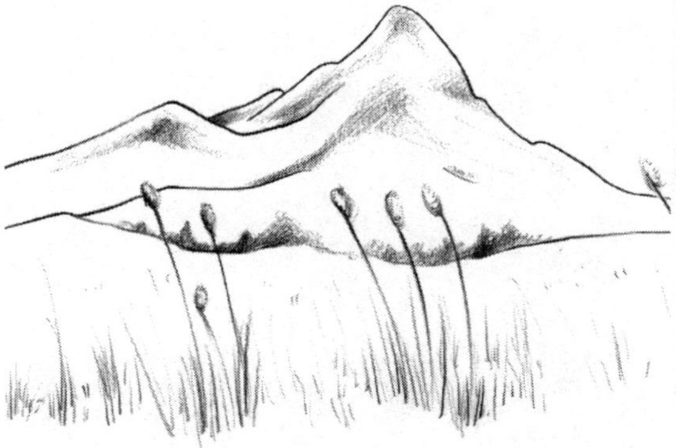

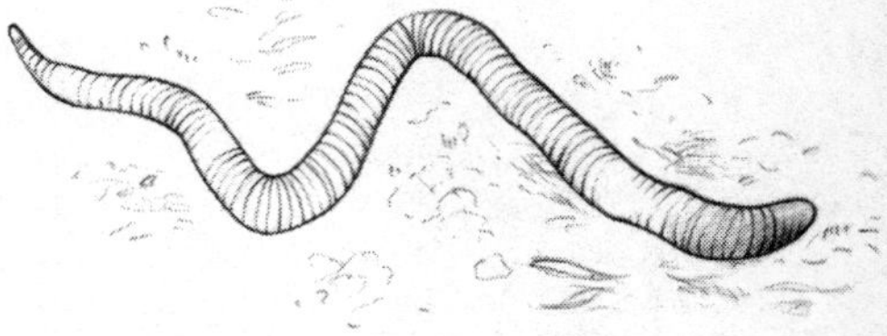

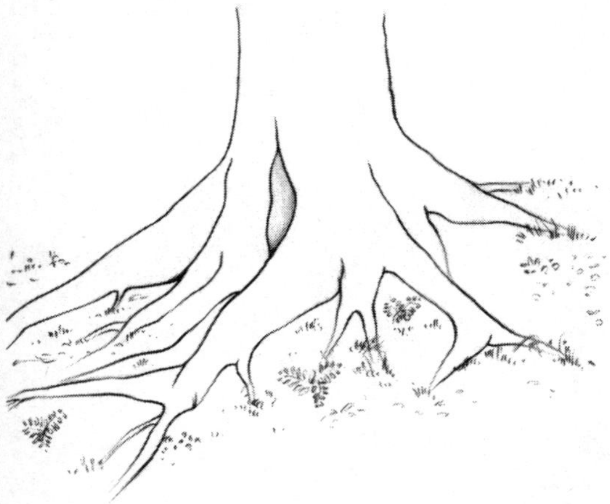

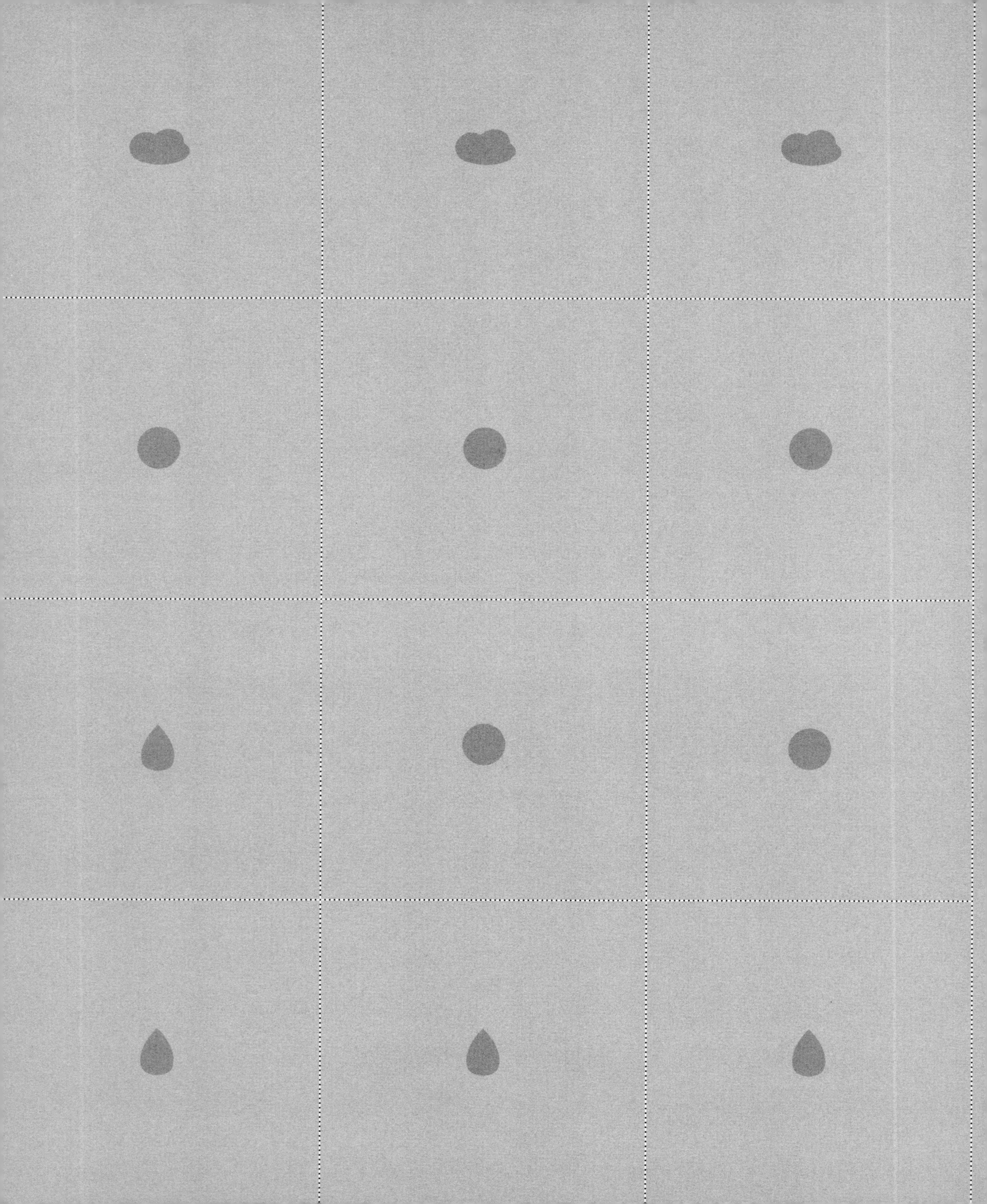

# Il vento

Realizza una girandola per testare il vento.

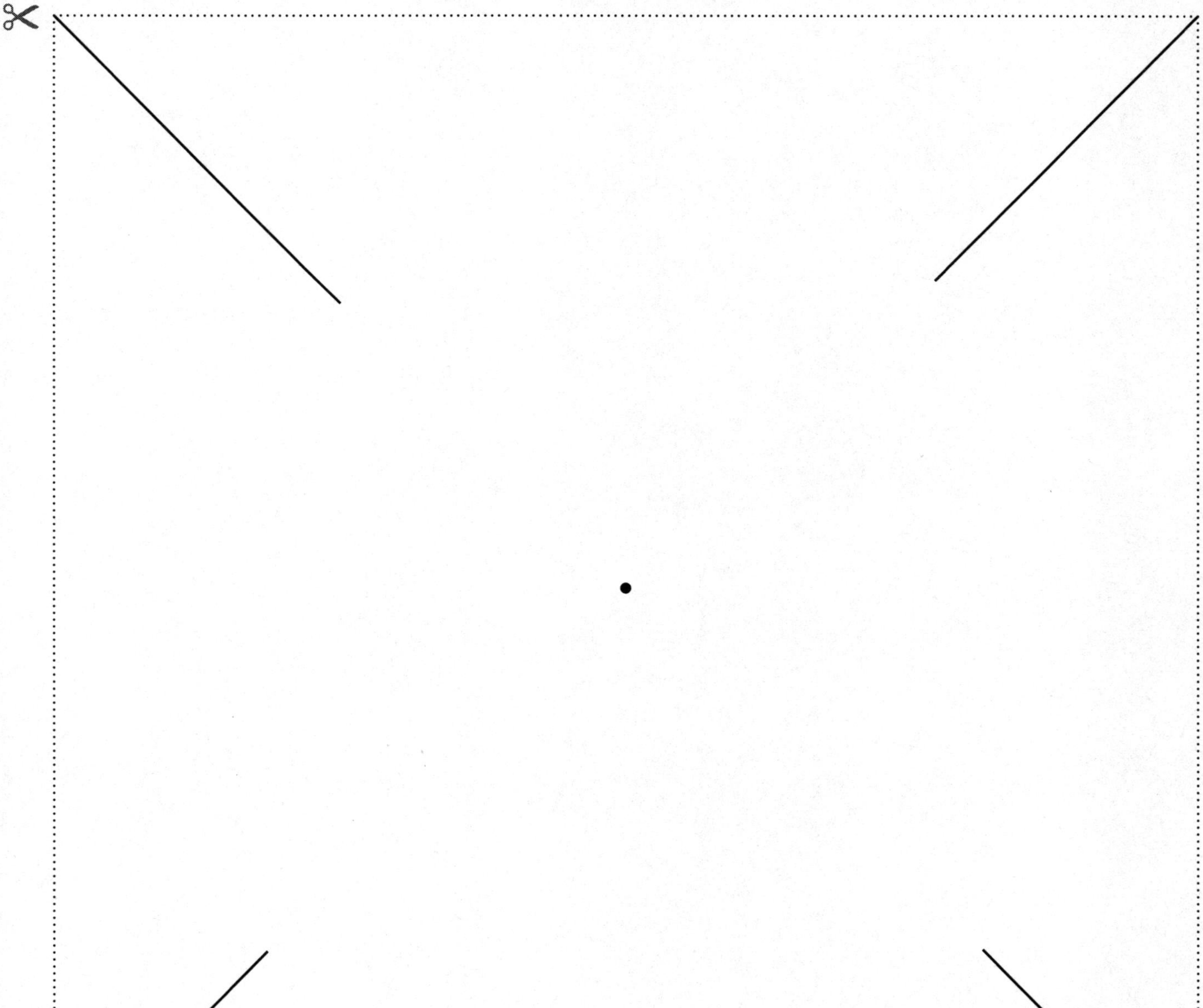

Ti serviranno:

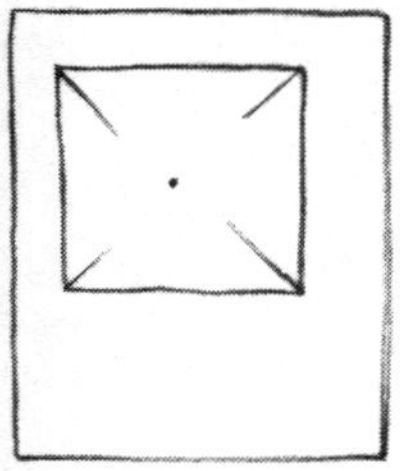

il modello
a pagina 29
ritagliato

un piccolo chiodo o
una puntina lunga

un pezzetto
di cannuccia

delle forbici

un bastoncino

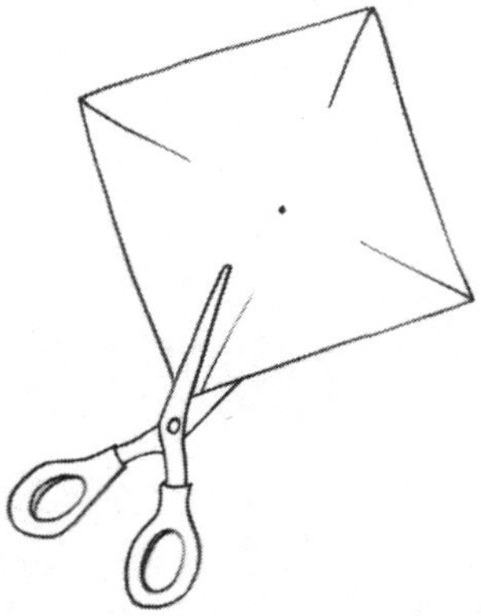

1
Taglia ogni angolo
del quadrato
seguendo le linee.

2
Piega una
punta su due
verso il centro.

3
Fissa le punte
con la puntina.

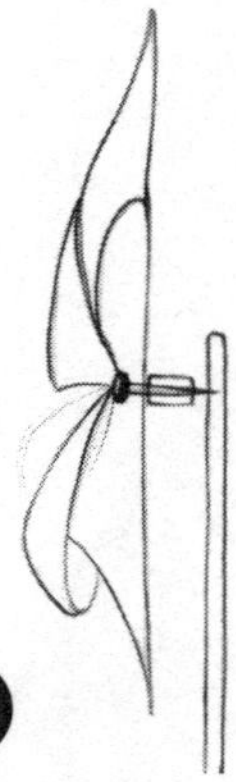

4
Infila la puntina
nella cannuccia
e conficcala
nel bastoncino.

5
Metti alla prova
la tua girandola...

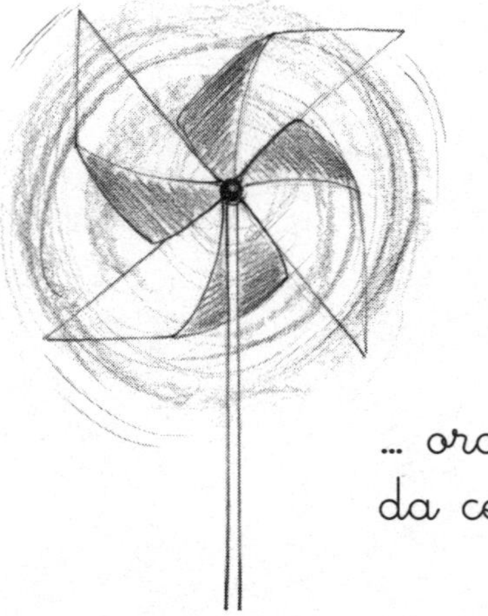

... ora ti rimane solo
da cercare il vento!

# L'oceano in una bottiglia

Ecco come fare un mini oceano e creare le onde.
Puoi anche inserire piccoli oggetti nella bottiglia
e osservare come vengono sballottati dalle onde.
Ti serviranno:

una bottiglia vuota

un imbuto

dell'olio

del colorante blu

1

Riempi d'acqua
metà bottiglia.

2

Riempi d'olio
l'altra metà.

3

Aggiungi qualche goccia
di colorante blu.

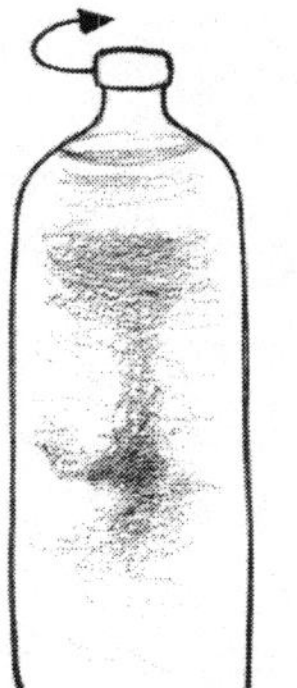

4

Chiudi bene la bottiglia.

5 Ora puoi fare le onde! Capovolgi
la bottiglia e inclinala leggermente,
compiendo movimenti lenti.

# In spiaggia

Ecco alcune cose che si possono trovare in spiaggia.
Se ti vengono altre idee, disegnale.

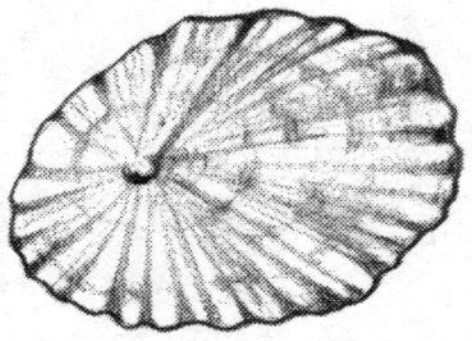

patella

pimelia

vongola

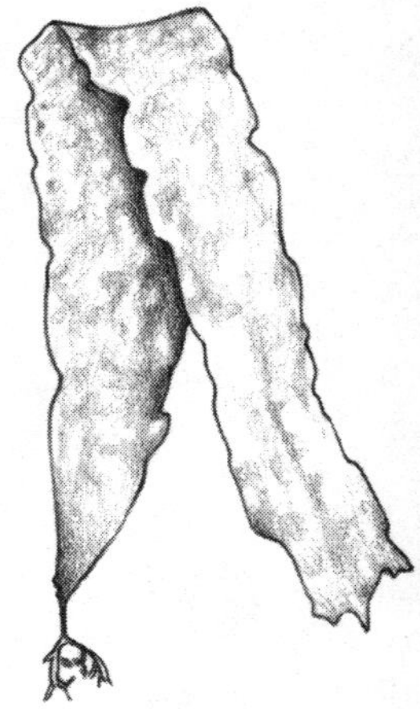

alga bruna

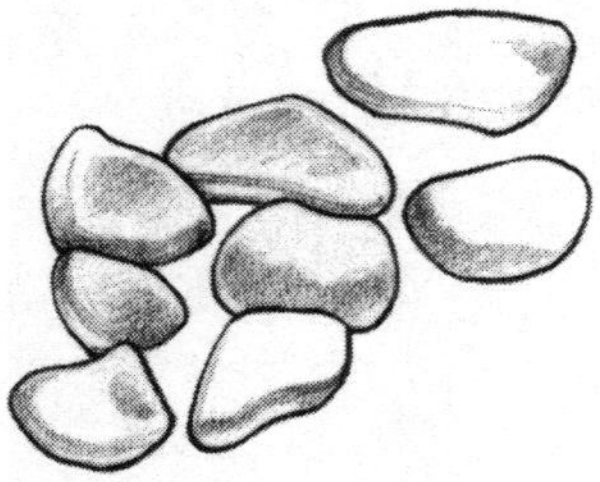

frammenti di vetro
levigati dalle onde

pallottola di posidonia

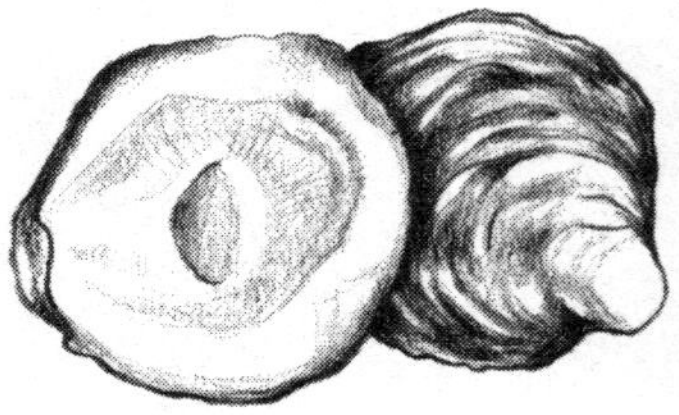

ostrica

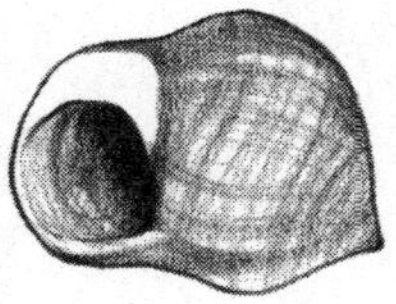

littorina

cerastoderma

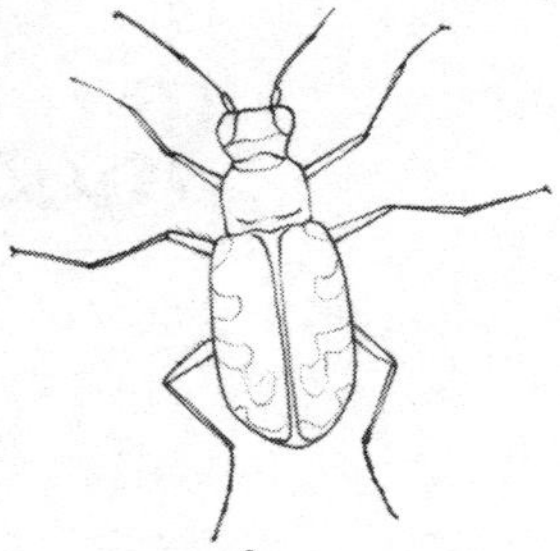

cicindela

camomilla marina

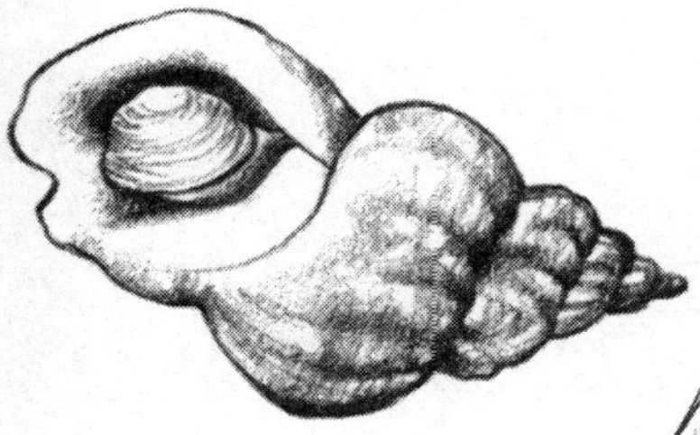

buccino

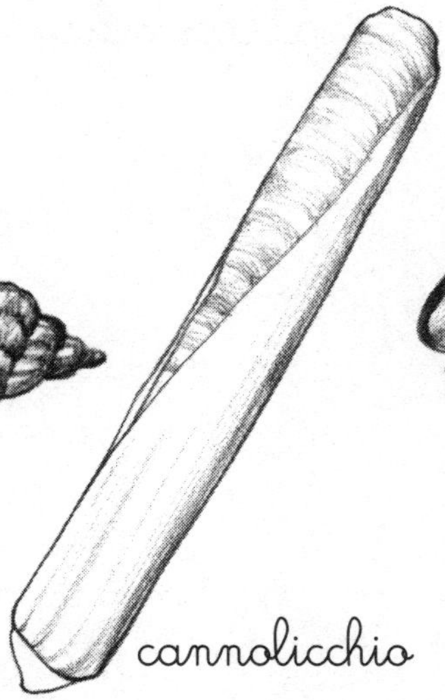

cannolicchio

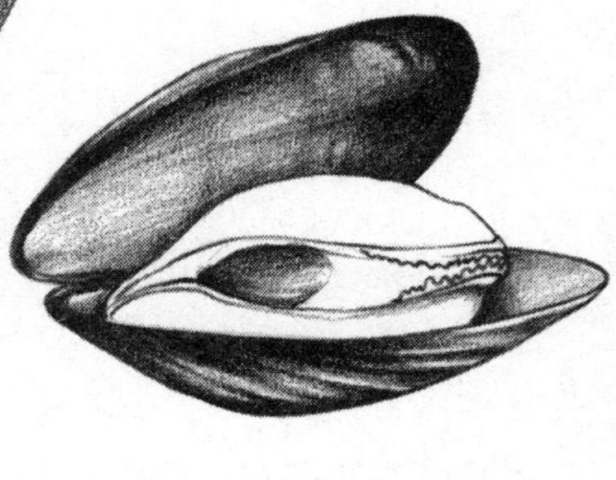

cozza

tartufo di mare

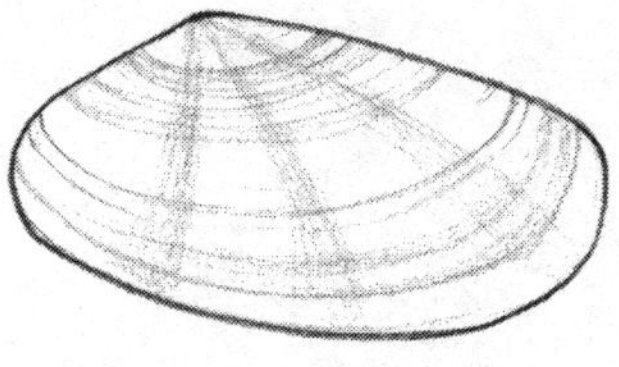

mya

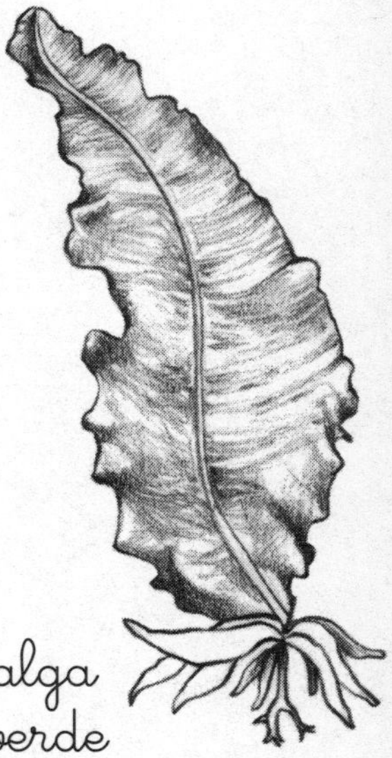

alga verde

**Consiglio per i genitori:**
Mentre raccogliete le conchiglie sulla spiaggia, potete proporre al vostro bambino di appaiare quelle uguali fra loro. Invitatelo anche a osservarle con una lente.

# Sassolini

Ti piace sicuramente raccogliere i sassolini mentre passeggi. Aiutandoti con questa tabella, puoi divertirti a classificarli per grandezza e colore.

grandezza

| grande | medio | piccolo |
|---|---|---|
| | | |

colore

| marrone | bianco | grigio |
| --- | --- | --- |
| | | |

# Fabbrica un vulcano

Ecco un esperimento divertente per ricreare
in modo semplice un'eruzione vulcanica!
Ti serviranno:

un vasetto
di vetro

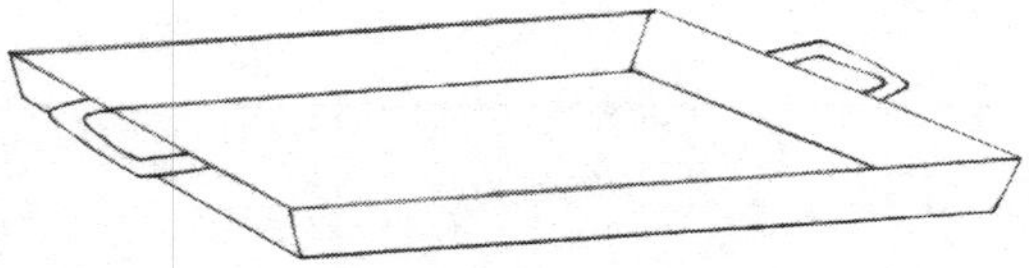

un grande vassoio

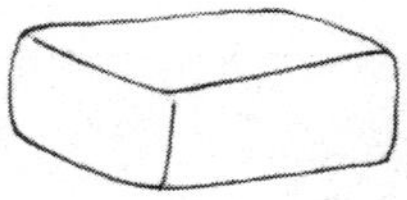

dell'argilla

una brocca

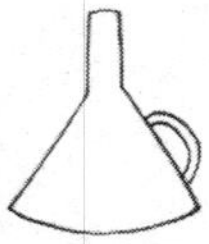

un imbuto

un po' di aceto

del colorante rosso

del detersivo
per piatti

un po' di bicarbonato

1 Con l'argilla, modella
una montagnola che avvolga
il vasetto, senza però tapparlo.

2 Mescola nella brocca l'aceto,
2 cucchiai di detersivo per piatti
e qualche goccia di colorante.

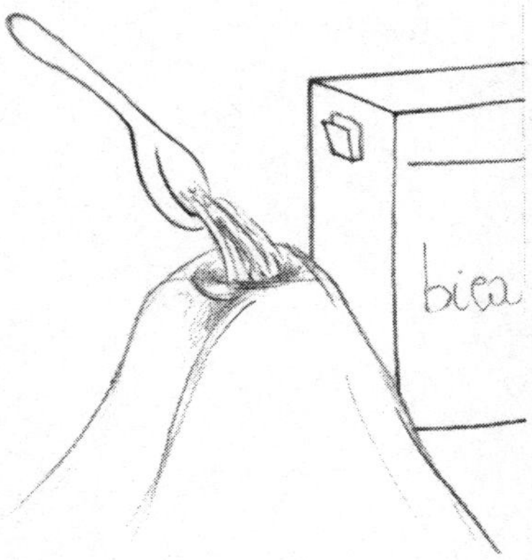


3 Versa la preparazione
all'interno del vulcano.

4 Aggiungi 2 cucchiai
di bicarbonato nel cratere...
inizia l'eruzione!

# LA NATURA
# E
# LA BOTANICA

Questa parte è dedicata ad attività
sul mondo vegetale che ti inviteranno
a osservare più da vicino
la ricchezza della natura.

# I tesori della natura

Tutti quelli che vedi ritratti su queste pagine sono vegetali, tranne 3.
Riesci a trovarli?

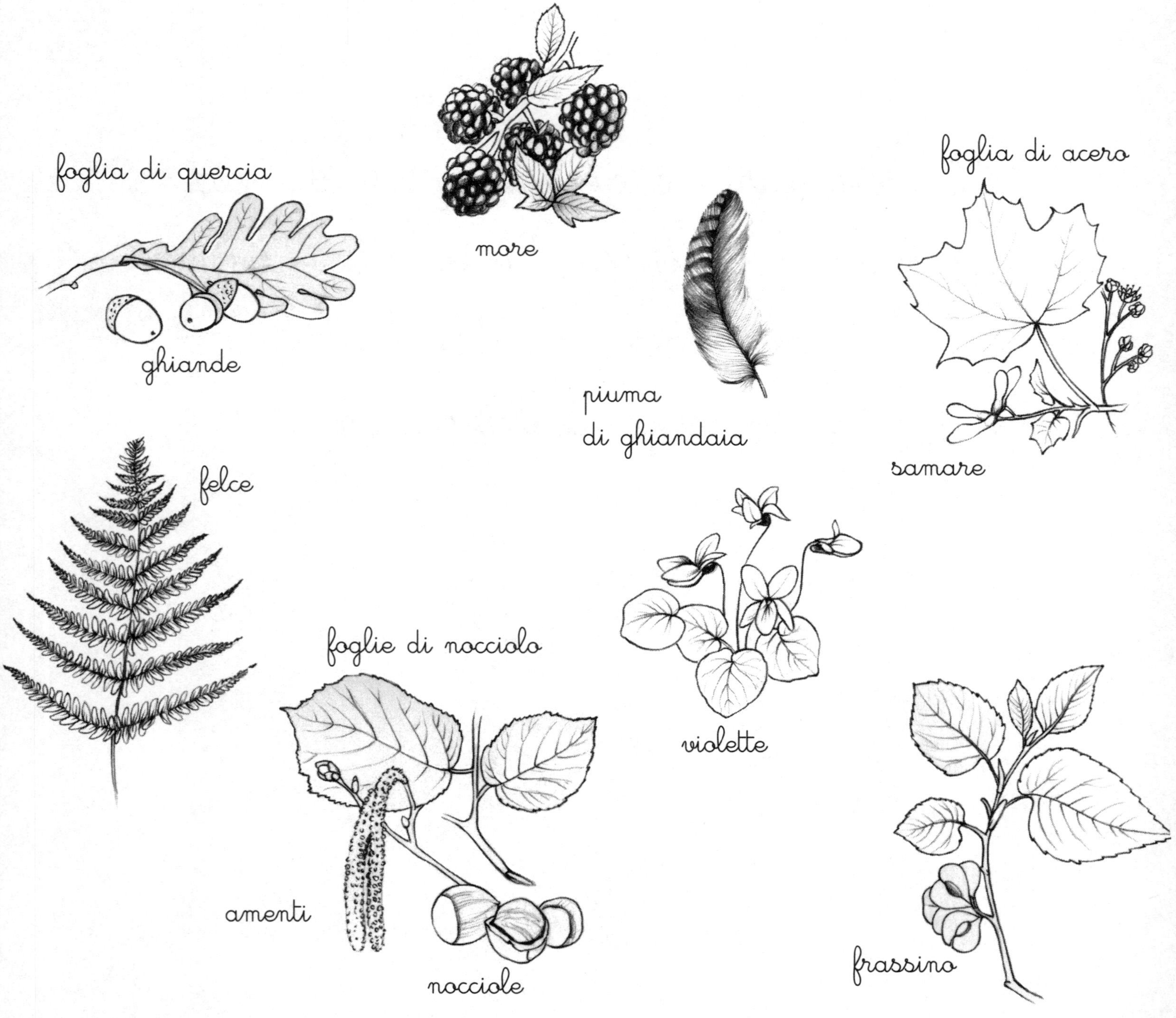

foglie di noce

noci

guscio di lumaca

agrifoglio

pigna

pinoli

ribes

gallinacci

alchechengi

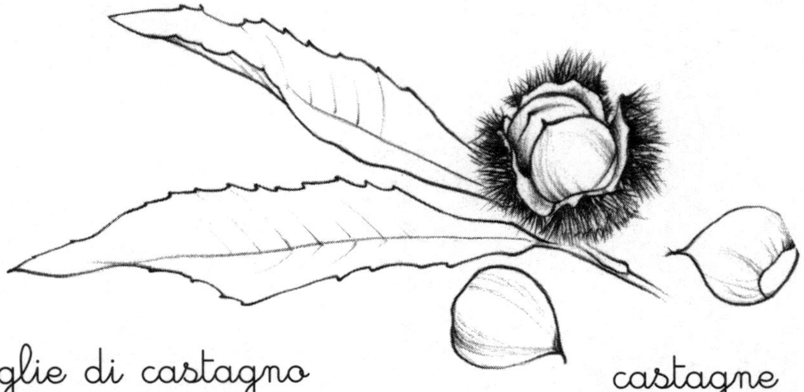

foglie di castagno

castagne

denti di leone

Soluzione: la piuma di ghiandaia, il guscio di lumaca e i gallinacci.

# Le parti della foglia

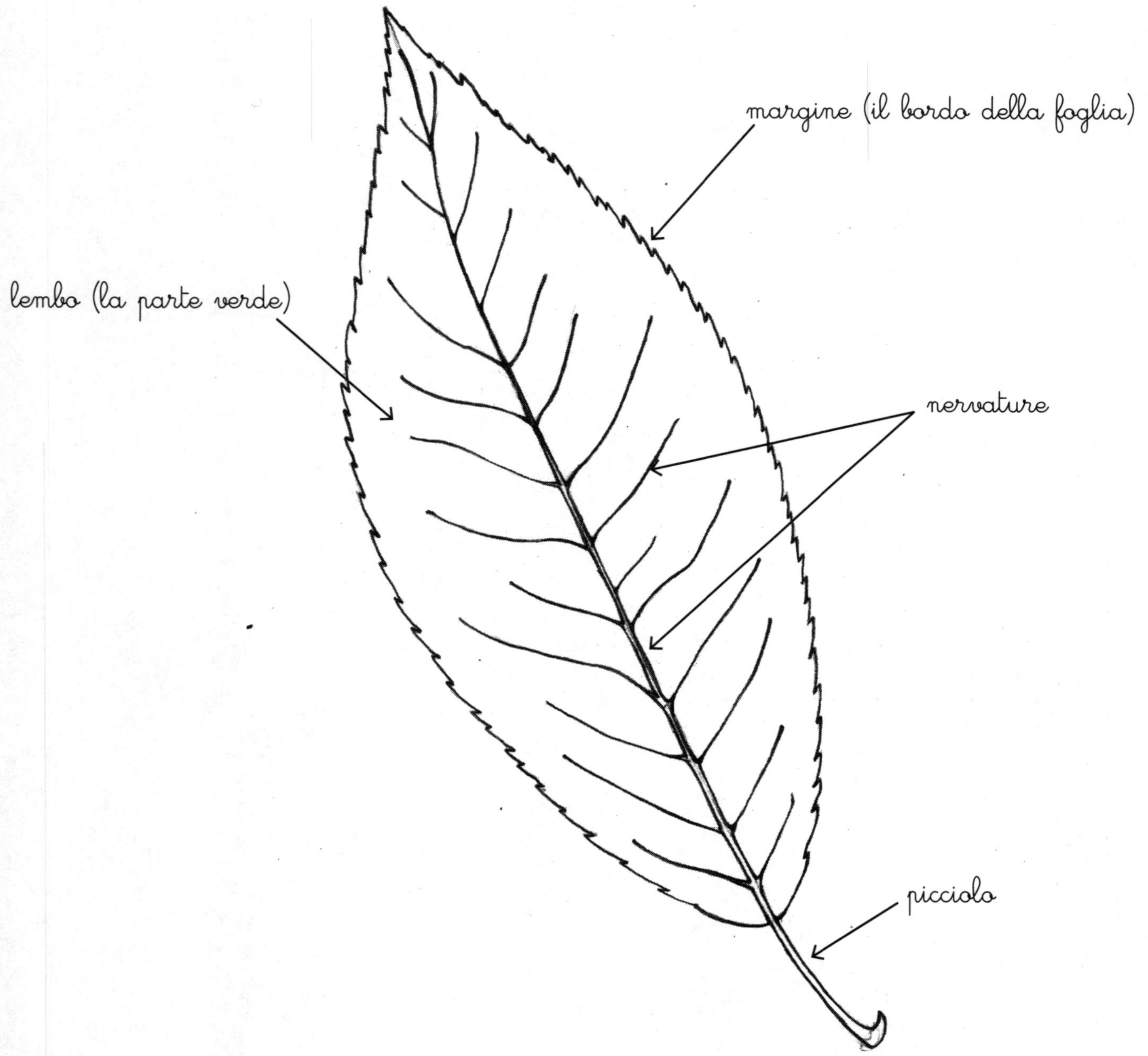

Colora in rosso le diverse parti della foglia.

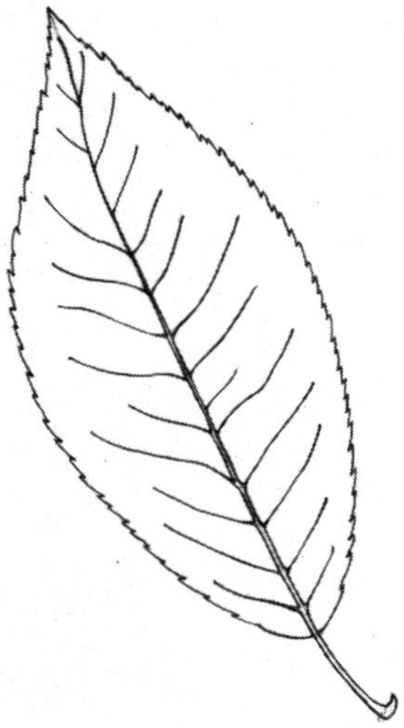

Il **lembo** è la parte principale della foglia.

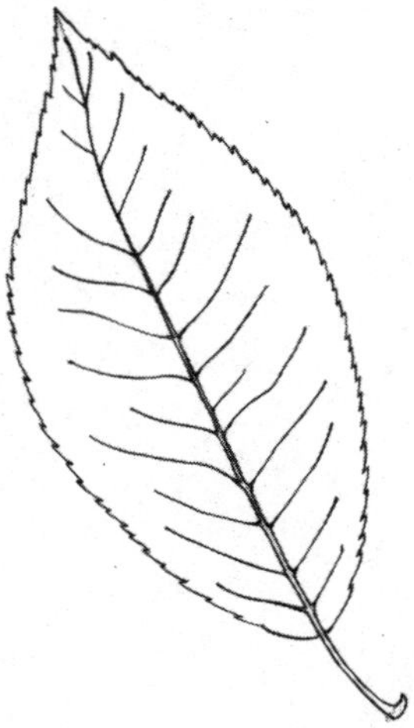

Il contorno del lembo si chiama **margine**.

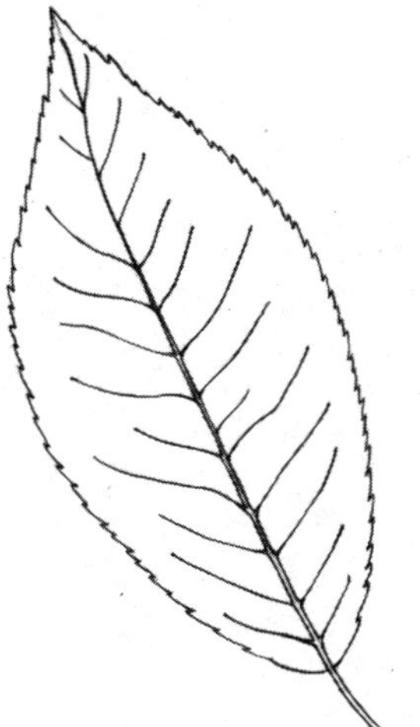

Il **picciolo** è la parte stretta della foglia che la collega al ramo.

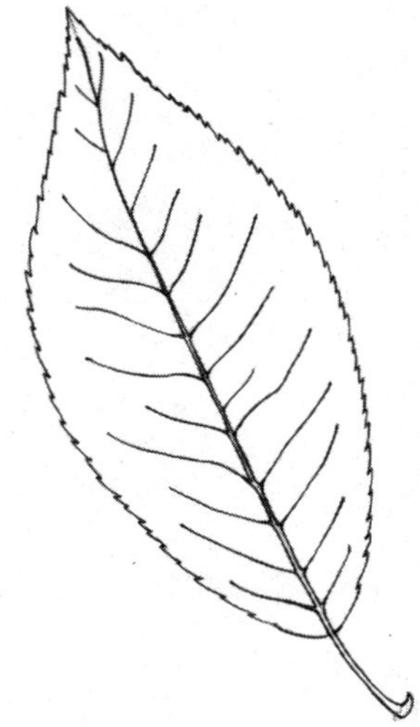

Le **nervature** sono le ramificazioni che portano la linfa nelle diverse parti del lembo.

# Le forme delle foglie semplici

Ricalca ogni foglia con la matita seguendo i trattini
e scrivi sotto il nome della sua forma.

**ovata**
a forma d'uovo

**lanceolata**
a forma di lancia

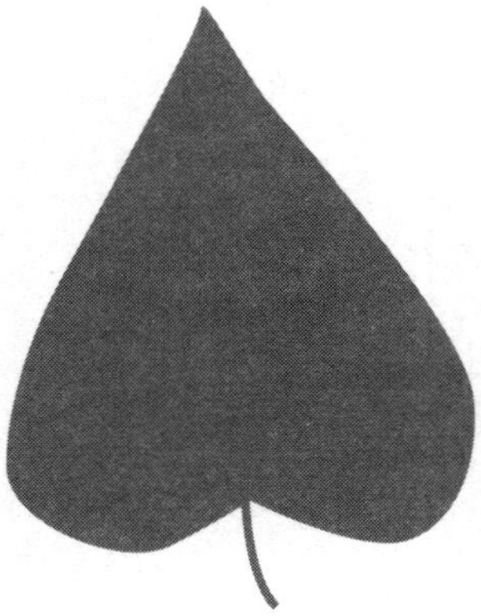

**cordata**
a forma di cuore

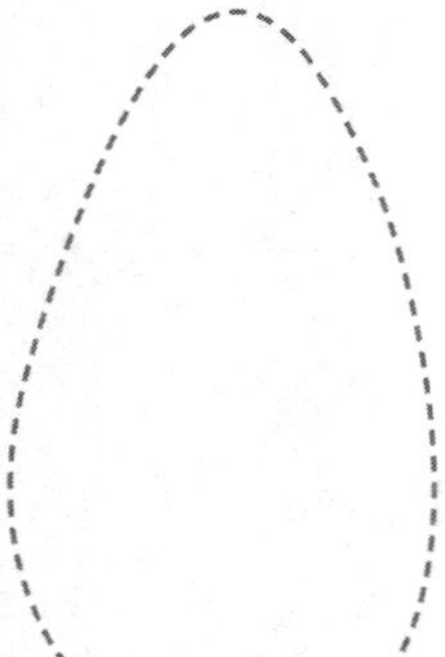

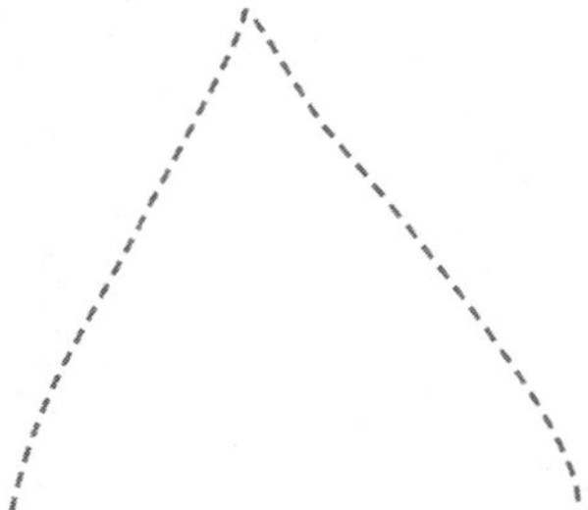

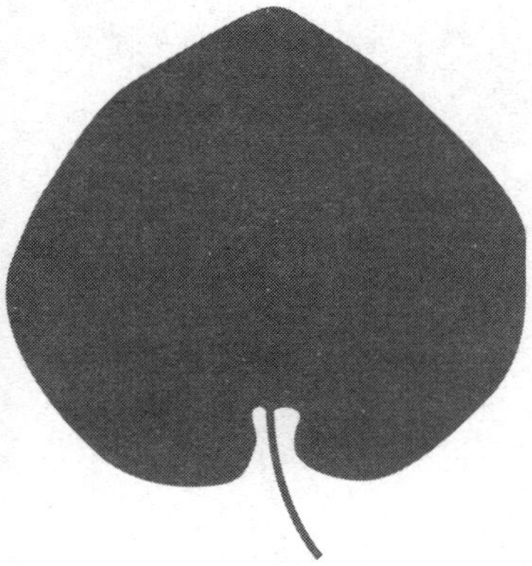

**reniforme**
a forma di rene

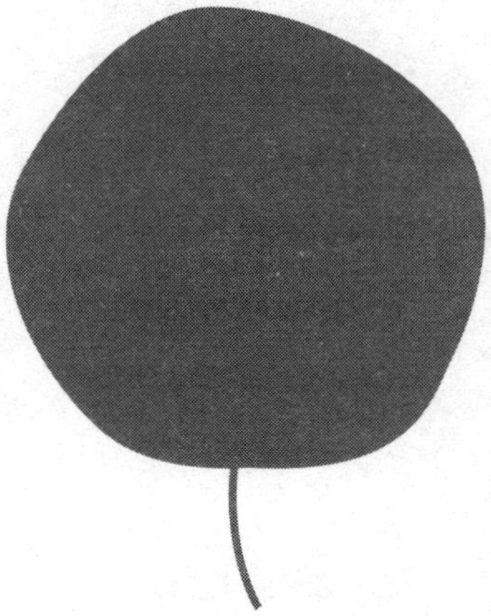

**orbicolare**
dalla forma più o meno rotonda

**palmata**
la cui forma ricorda quella di una palma

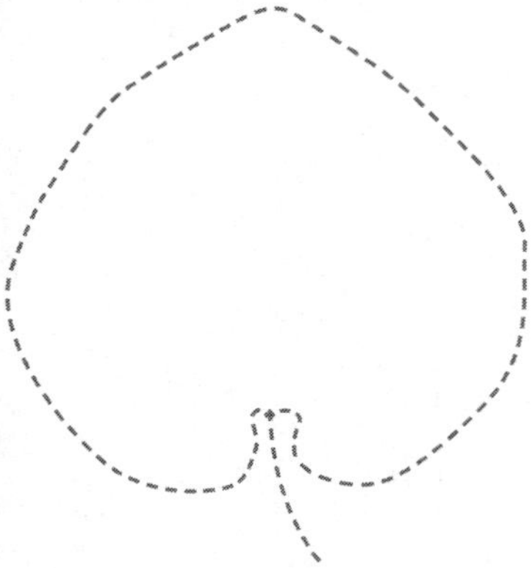

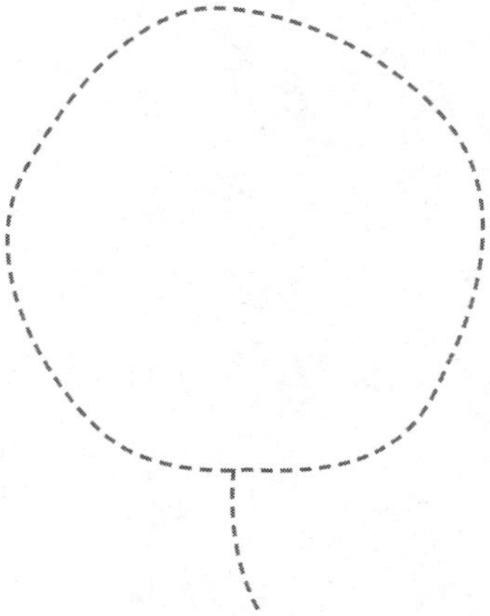

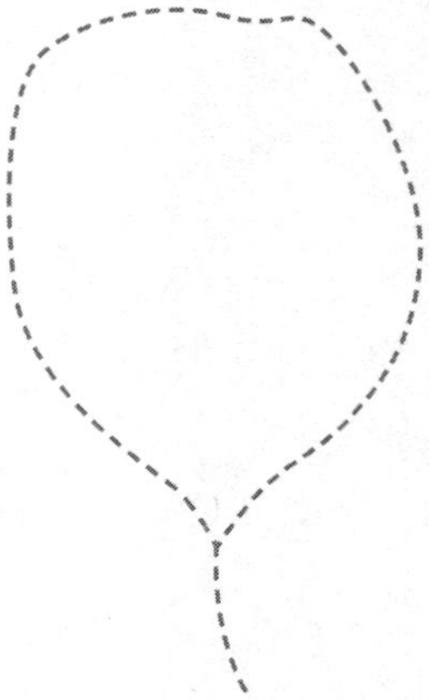

# Le forme delle foglie composte

Ricalca ogni foglia con la matita seguendo i trattini
e scrivi sotto il nome della sua forma.

**tripartita**
composta da tre
foglioline

**pennata**
con foglioline disposte da una
parte e dall'altra del picciolo

**digitata**
le sue foglioline ricordano
le dita di una mano

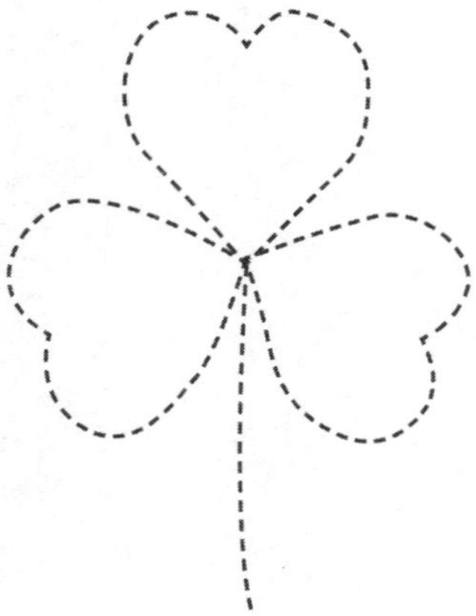

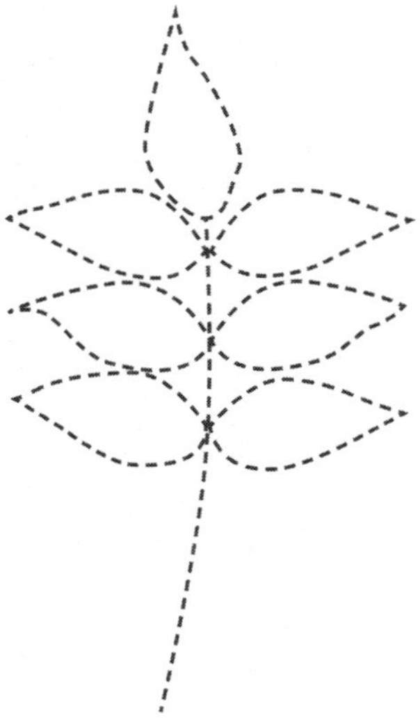

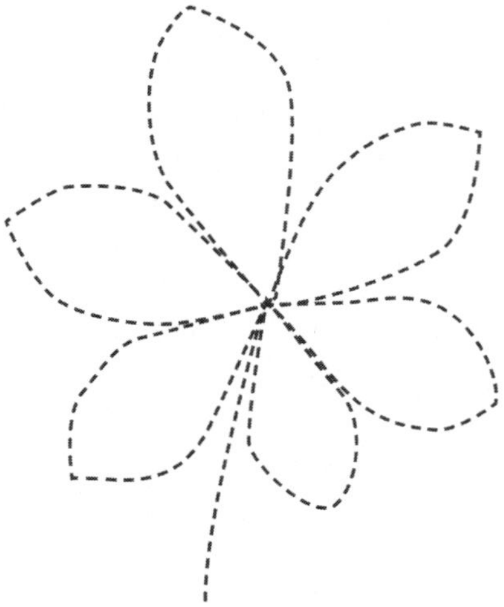

# I margini delle foglie

Oltre ad avere forme diverse, le foglie presentano diversi tipi di margine. Eccone alcuni.

**intero**

il margine
non è intagliato

**dentato**

il margine presenta
piccole dentature

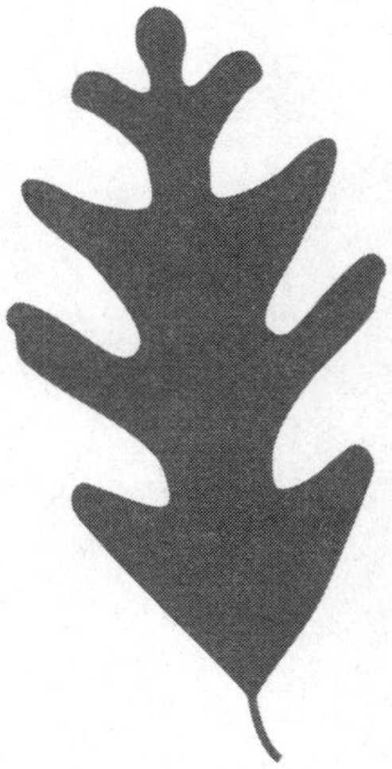

**lobato**

il margine è profondamente
intagliato

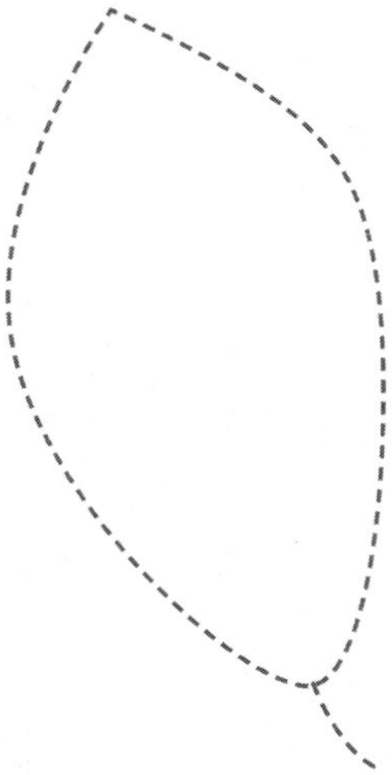

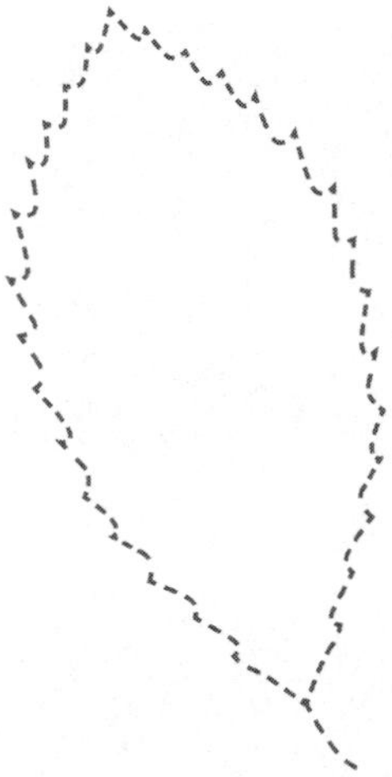

# Disegna le foglie

Scegli due foglie nettamente diverse e inseriscile sotto queste pagine, in corrispondenza delle cornici. Con un grosso gessetto o con un pastello a cera oppure a olio, colora l'interno di ogni cornice. Vedrai comparire le foglie con le loro nervature.

Osserva bene questa scena autunnale, puoi anche colorarla. Hai visto quante cose sono cadute a terra?

# La gravità

Prova a lanciare un ramo o un sasso.
In che direzione vanno?
Sulla Terra, ogni cosa è attratta verso il suolo
da una forza chiamata **gravità.**

Paragona la caduta di una piuma e quella di una pigna.
Falle cadere da un punto abbastanza alto.
Disegnale a terra e indica quale delle due
arriva per prima al suolo.

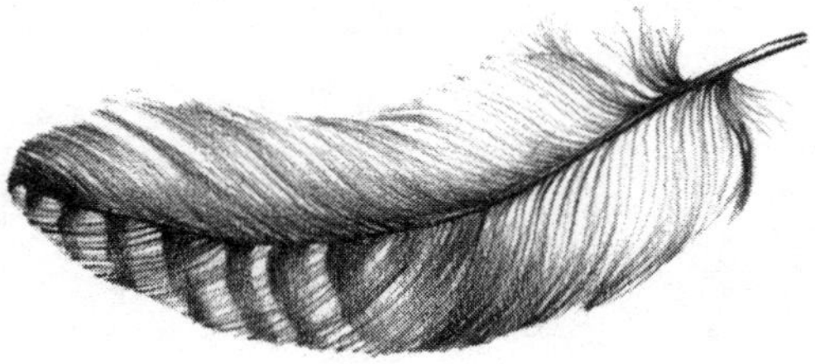

Osserva la raccolta
delle mele, puoi anche
colorarla.

**Consiglio ai genitori:**
In autunno, portate vostro figlio a raccogliere le mele e fategli vedere e assaggiare varietà diverse.

# Sezione di una mela

Individua e dai un nome alle diverse parti della mela.

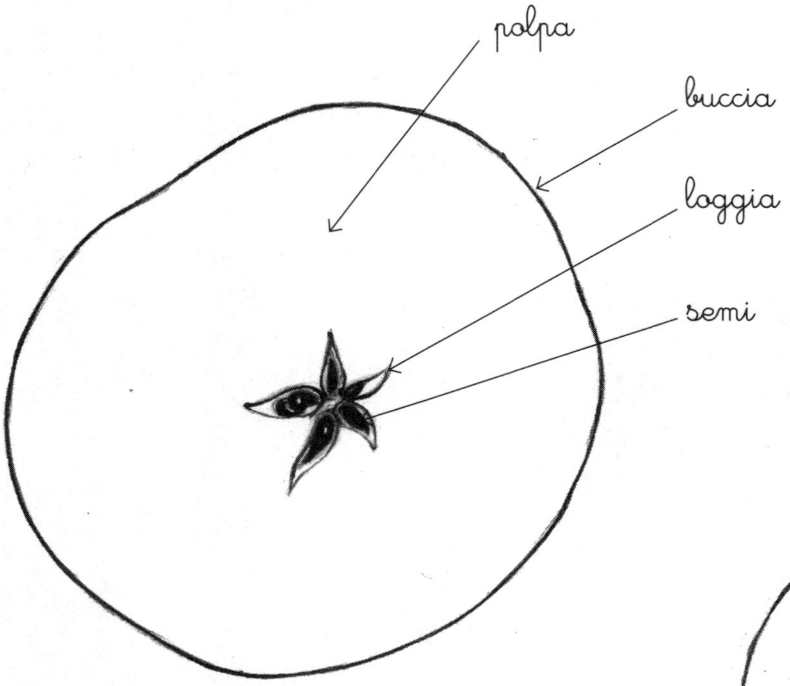


sezione trasversale

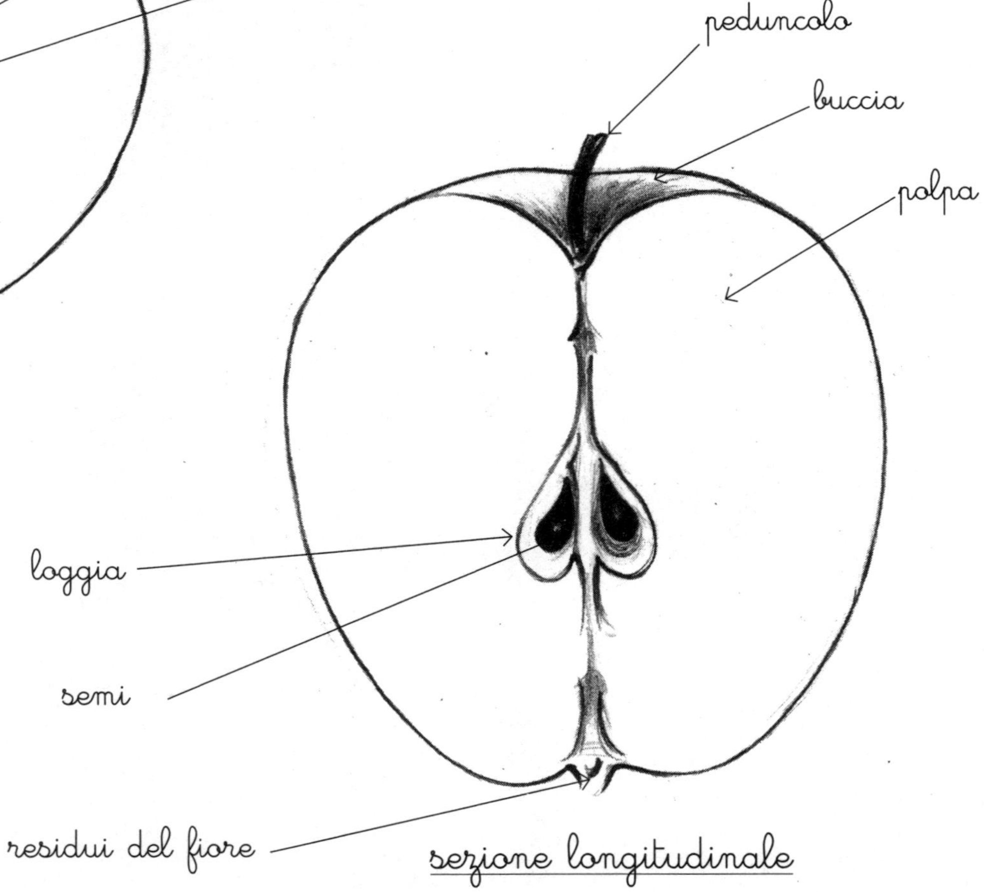


sezione longitudinale

Disegna qui le tue sezioni di mela.

**Consiglio per i genitori:**
Con le mele tagliate potete fare un crumble (ricetta a pagina seguente).
Preparate tutti gli ingredienti già pesati e lasciate che vostro figlio se la cavi il più possibile da solo.

# Ricetta del crumble

Ci serviranno:

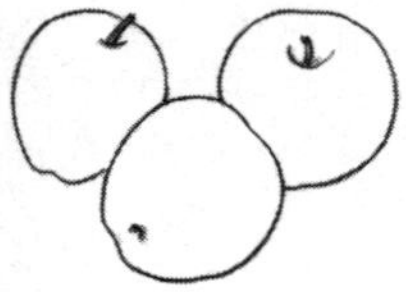

3 mele
(o quelle che
hai già tagliato)

150g di farina

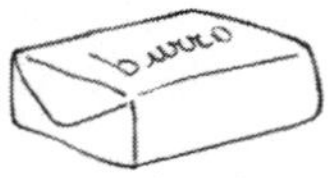


75g di burro

1 cucchiaino da caffè
di cannella

50g di zucchero

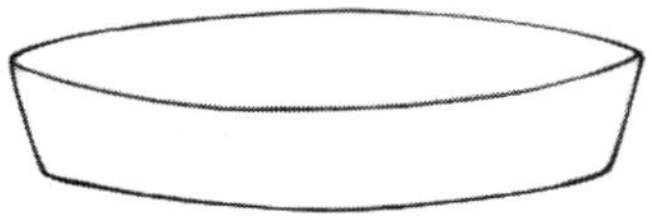

una teglia

1 Imburra la teglia.

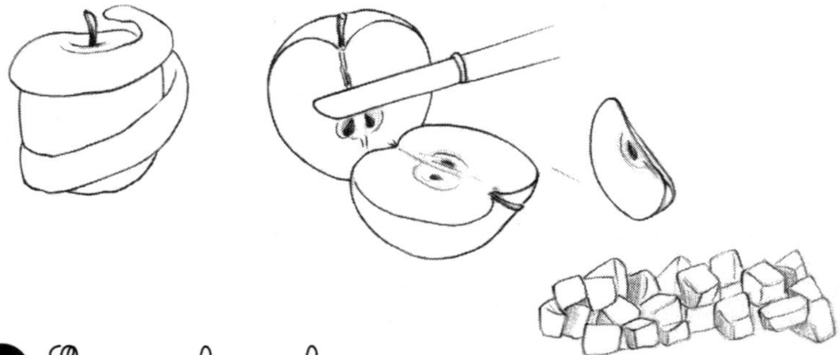

2 Sbuccia le mele
e tagliale a pezzetti.

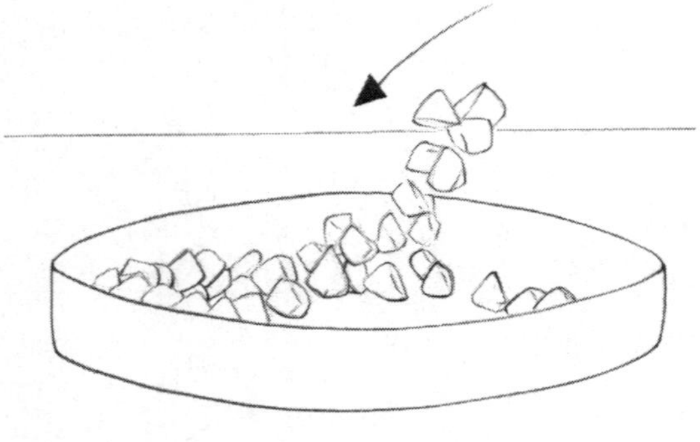

3 Versa le mele nella teglia.

4 In un'insalatiera, mescola la farina, lo zucchero e la cannella.

5 Taglia il burro a pezzetti e versalo nell'insalatiera.

6 Con la punta delle dita, lavora l'impasto schiacciando il burro per incorporarlo alla farina.

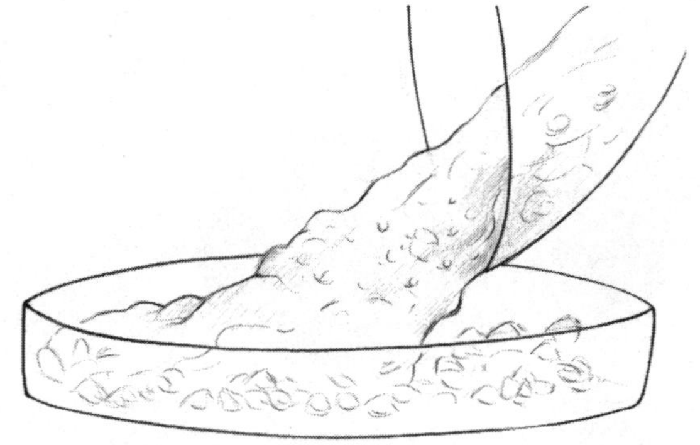

7 Versa la preparazione sulle mele.

8 Chiedi a un adulto di infornare a 180 gradi per 25 minuti.

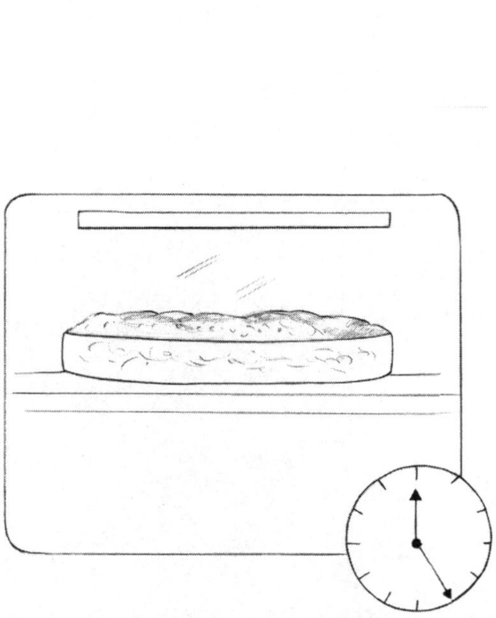

# I semi

Taglia un po' di frutta e verdura per osservare come sono fatte all'interno.
Alcune contengono un nocciolo, altre dei semi.
Collega i frutti o le verdure interi a quelli aperti.

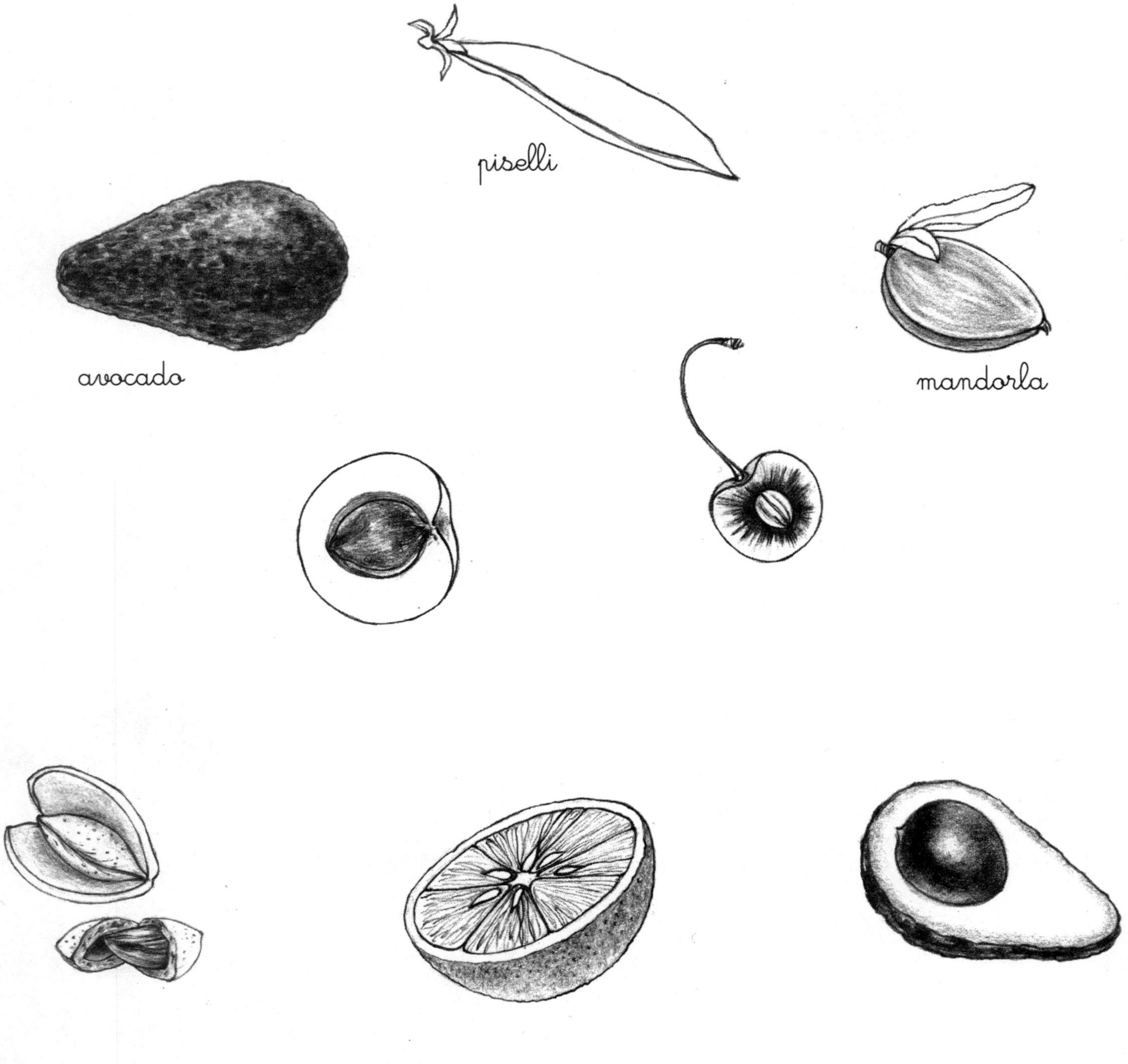

albicocca

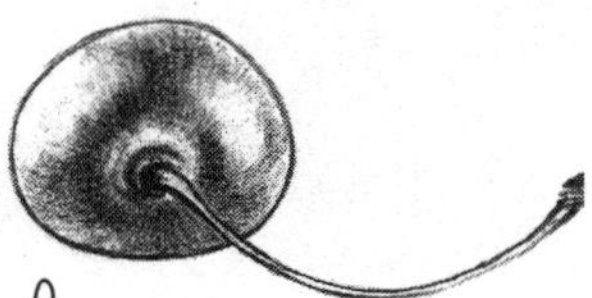

ciliegia

fico

melagrana

arancia

zucca

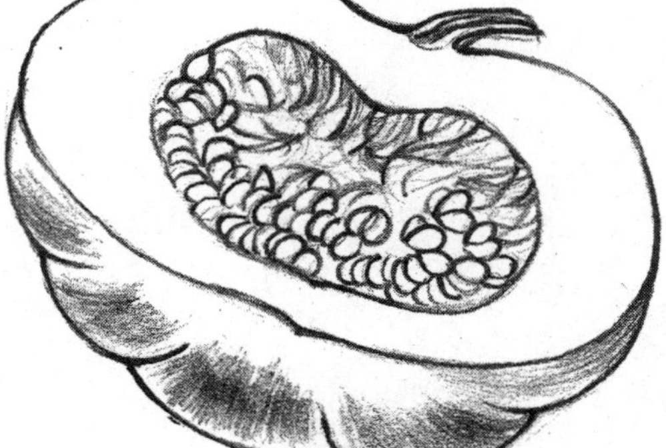

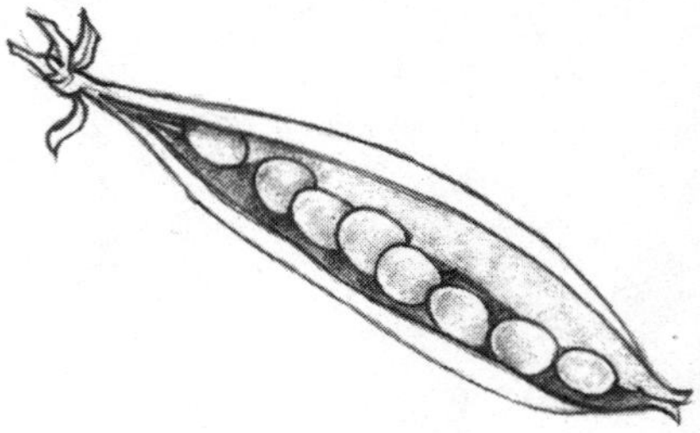

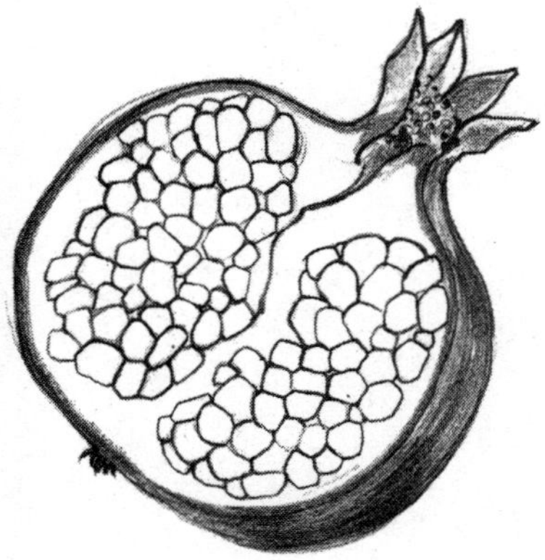

**Consiglio per i genitori:**
Potete fotocopiare queste immagini, colorarle, incollarle su un cartoncino e ritagliarle per realizzare carte da abbinare a coppie (frutto intero-sezione).

# Il ciclo della pianta

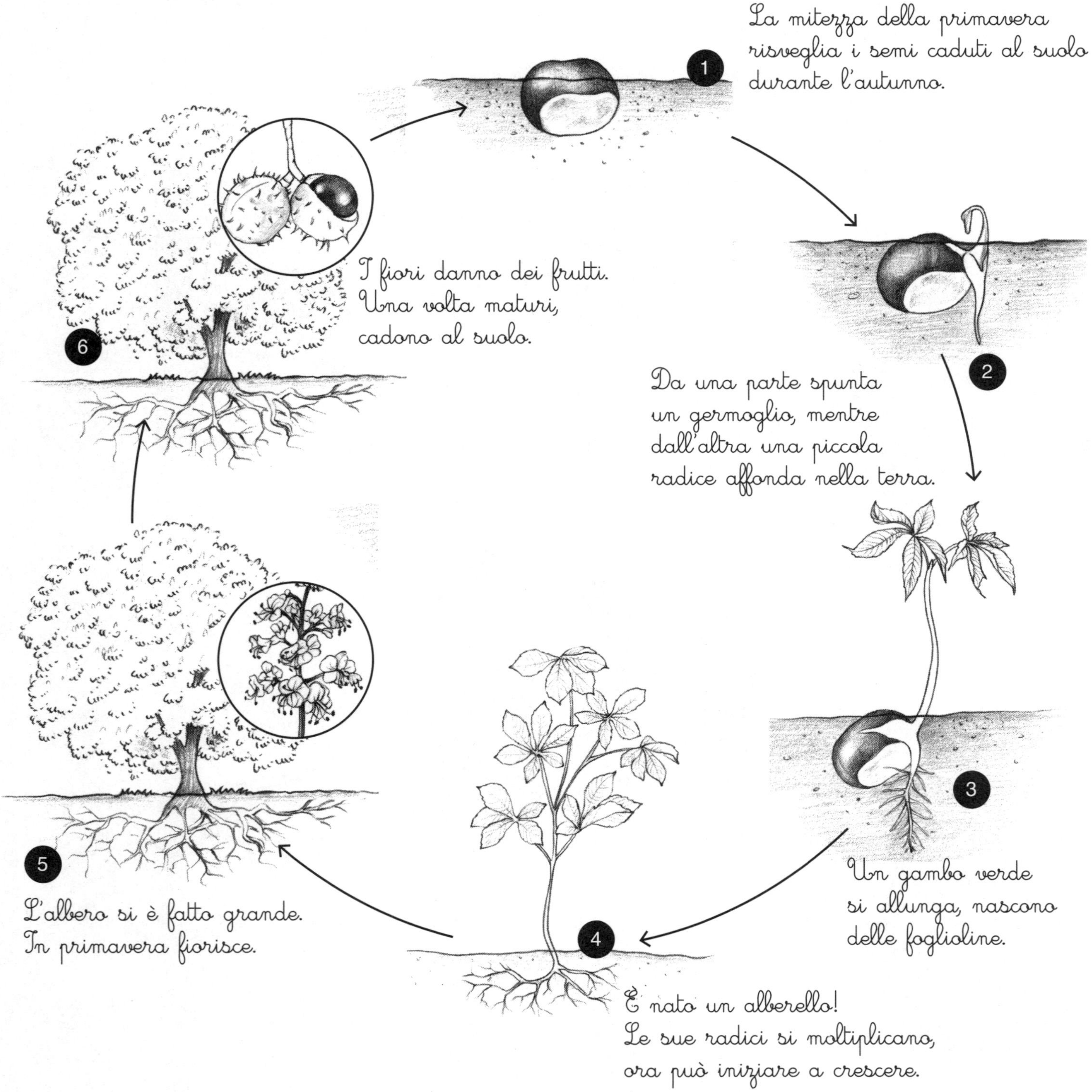

Colora le immagini del ciclo di vita dell'albero.
Ritagliale e ordinale nella sequenza giusta.
Puoi aiutarti con lo schema della pagina di sinistra.

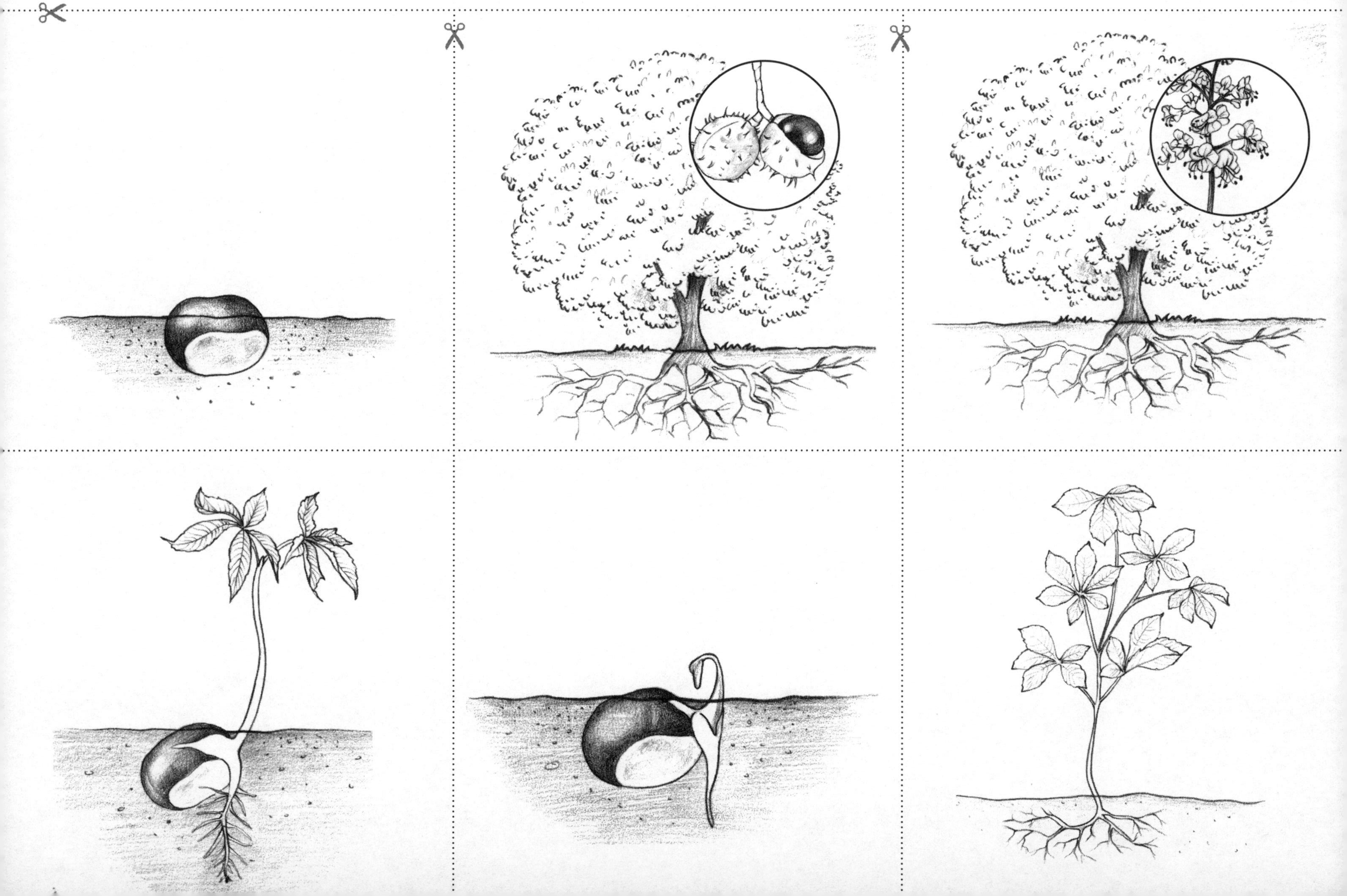

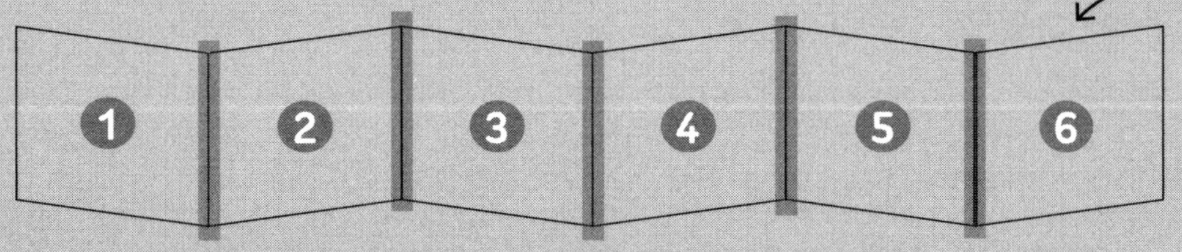


Assembla le immagini con lo scotch.
Taglia i lembi sporgenti e piega
le carte a fisarmonica. Otterrai così
un dépliant da conservare.

5

6

1

4

2

3

# Le piante hanno bisogno d'acqua

Ecco un piccolo esperimento facile da realizzare
per osservare e capire questo fenomeno.

1

Prendi 3 barattoli identici.
Nel primo non mettere niente.
Nel secondo metti un po' d'acqua.
Nel terzo, un po' d'olio.
Incolla gli adesivi sui barattoli
(li trovi in fondo al quaderno).

2

Scegli 3 fiori uguali e inseriscili
nei barattoli.

3

Osserva i fiori per qualche giorno.
Che succede? Puoi annotare le tue
osservazioni sulla pagina seguente.

## Le tue osservazioni

Barattolo 1 (aria):

Barattolo 2 (acqua):

Barattolo 3 (olio):

# Le parti dell'albero

Osserva le diverse parti dell'albero e indicane il nome.

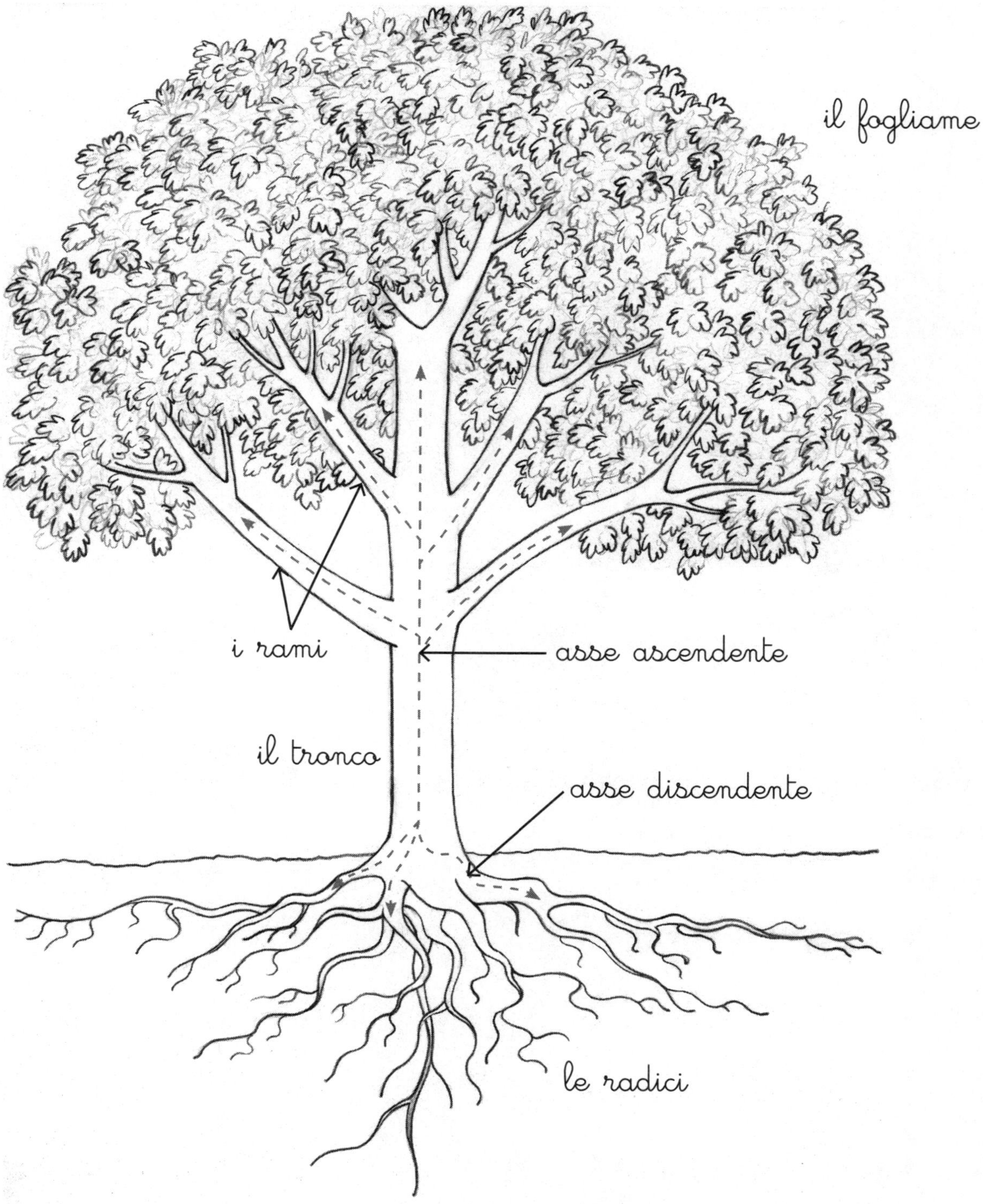

Colora in rosso le diverse parti dell'albero.
Puoi aiutarti con l'immagine della pagina precedente.

L'**albero** è un grande vegetale
il cui gambo è esposto e presenta
dei rami all'estremità.

Il **tronco** è la parte principale
dell'albero, sulla quale
crescono i rami.

Come tanti raggi, i **rami** nascono e si allargano dal tronco dell'albero.

Il tronco e i rami crescono verso l'alto, secondo un **asse ascendente**; le radici verso il basso, secondo un **asse discendente**.

Il **fogliame** è l'insieme delle foglie dell'albero.

Le **radici** sono le ramificazioni sotterranee che servono al nutrimento dell'albero.

# Alberi, foglie e frutti

Con l'aiuto degli adesivi, associa ogni albero ai suoi frutti.

castagno

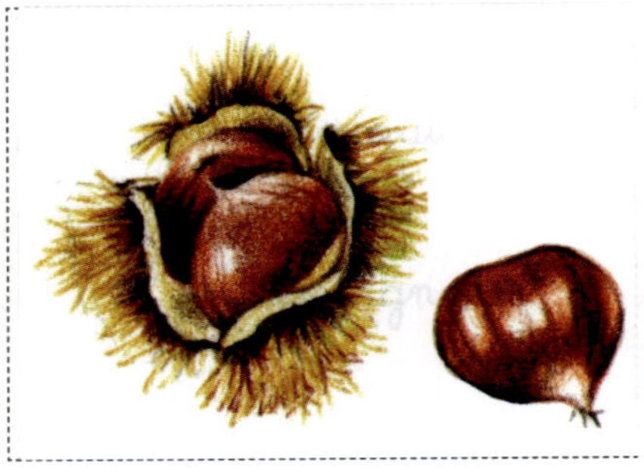

quercia

nocciolo

ippocastano

noce

melo

# I colori dei fiori

Colora con le matite i petali dei fiori.
I colori dei fiori servono ad attrarre gli insetti.
Riesci a vederli?

Chiedi a un adulto di leggerti le descrizioni e, con le matite, ridai ai fiori i loro bei colori.

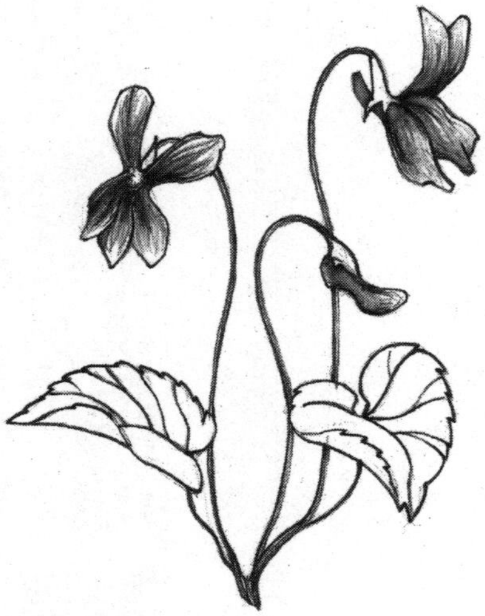

**violetta**

I suoi petali sono viola, le sue foglie verde scuro.

**pratolina**

Ha i petali bianchi, leggermente rosati in punta. Il cuore è giallo vivo.

**primula**

La primula può essere rosa, rossa, gialla, bianca, blu o viola. Le sue foglie sono di un bel verde tenue.

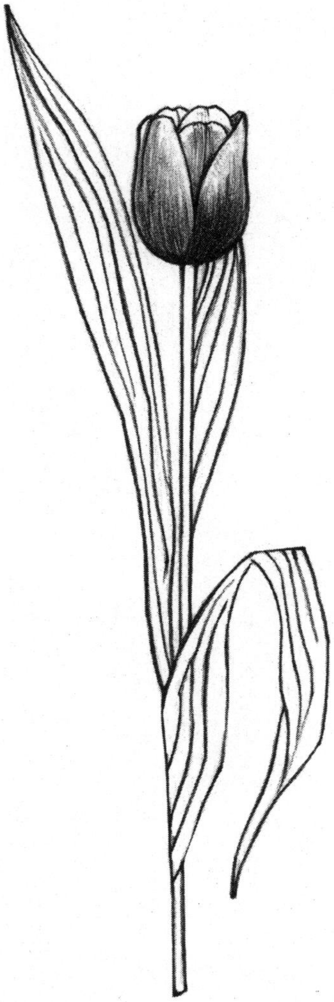

**tulipano**

Può essere rosso,
giallo, rosa...
e persino bicolore.

**giunchiglia**

La corolla della
giunchiglia è di un
giallo smagliante,
mentre la corona
centrale è più pallida.

**giglio**

Bianco, giallo,
arancione... il giglio
può essere di tanti
colori diversi. Colora
questo come piace a te.

# Le parti del fiore

Osserva le varie parti del fiore e indicane il nome.

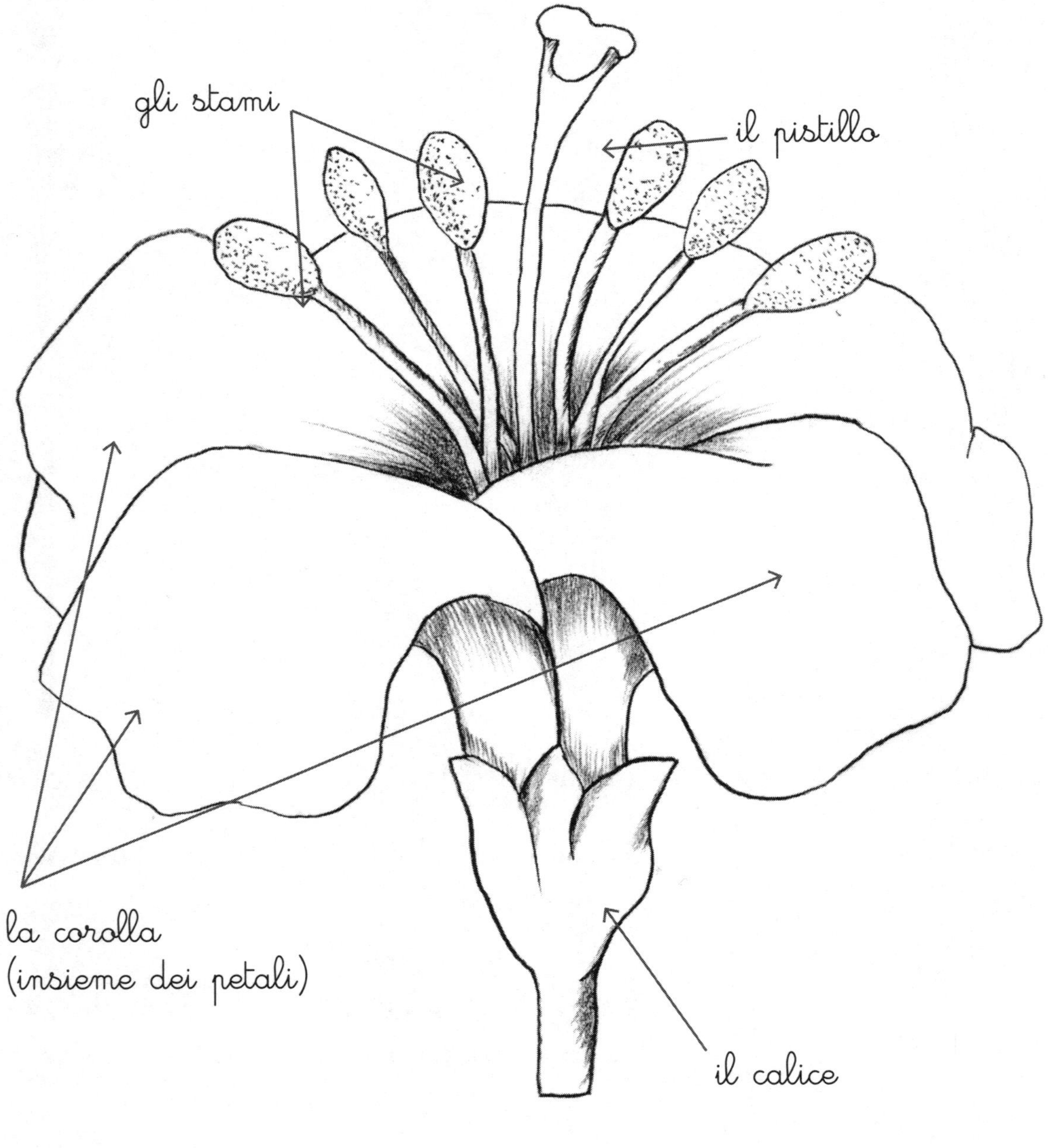

Colora in rosso le varie parti del fiore.

L'insieme dei petali
forma la **corolla**.

Il **pistillo** si trova
al centro. È la parte
femminile del fiore.

Gli **stami** sono la parte
maschile del fiore.
Rilasciano il polline.

Il **calice** sostiene
la corolla.

# GLI ANIMALI E GLI INSETTI

In natura puoi osservare gli animali
e gli insetti e anche occuparti di loro.
Ecco alcune attività che ti forniranno
un lessico ricco e ti insegneranno
tante cose sugli animali
e le loro abitudini.

# Vegetale e animale

I vegetali e gli animali sono esseri viventi perché si nutrono, hanno bisogno di luce e acqua, e crescono.

Rifletti sulle differenze fra animali e vegetali.
Ad esempio, le piante non possono muoversi da sé, mentre gli animali sì.

Ritaglia queste carte e disponile, suddividendole per tipologia, sotto le etichette «animale» o «vegetale».
Verifica poi voltando le carte.

vegetale

animale

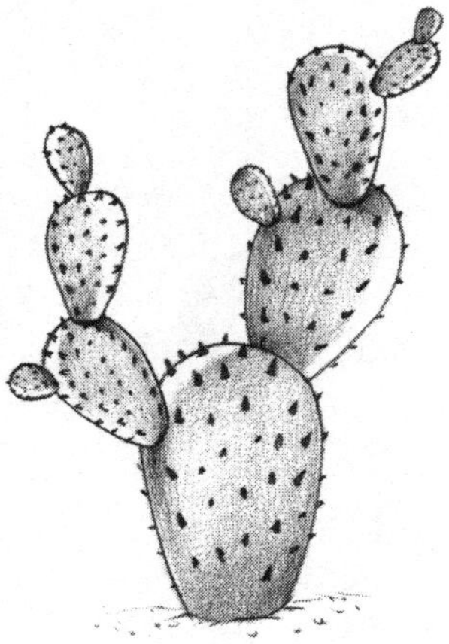

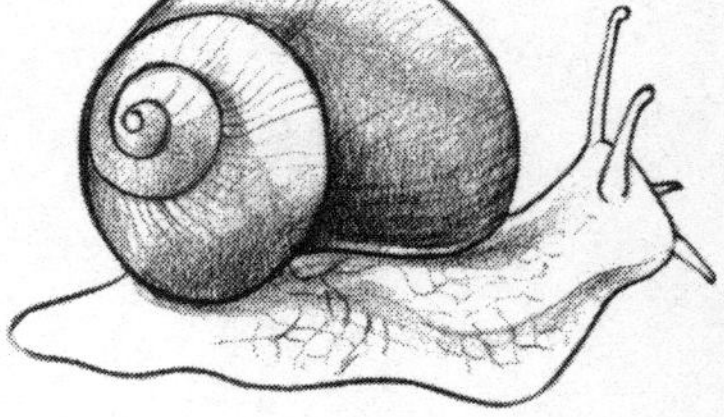

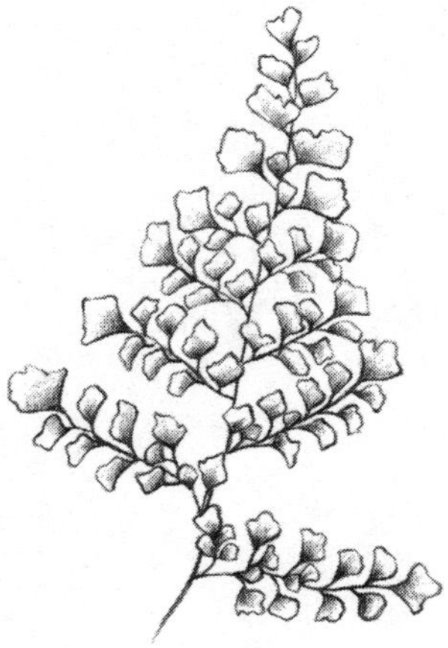

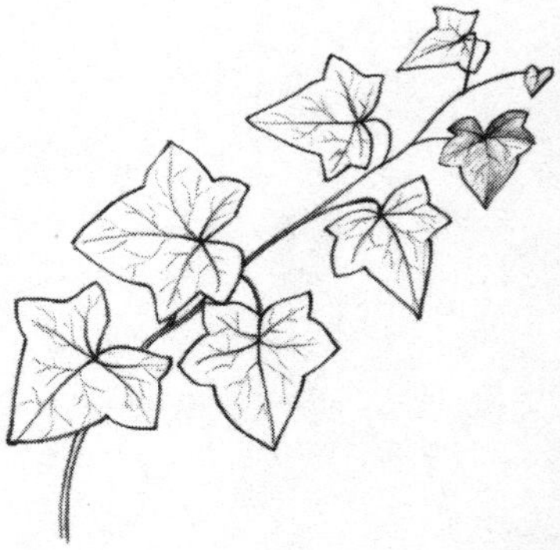

# Vertebrati e invertebrati

I vertebrati sono animali con una colonna vertebrale, gli invertebrati invece non ce l'hanno.
Fra gli animali disegnati in questa pagina, 5 sono dei vertebrati: riesci a trovarli e colorarli?

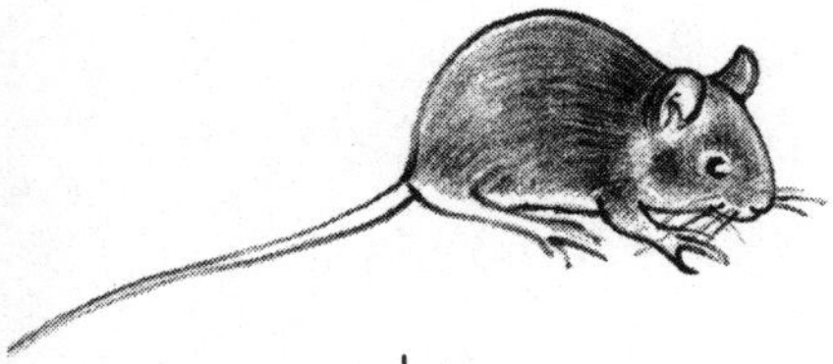
topo

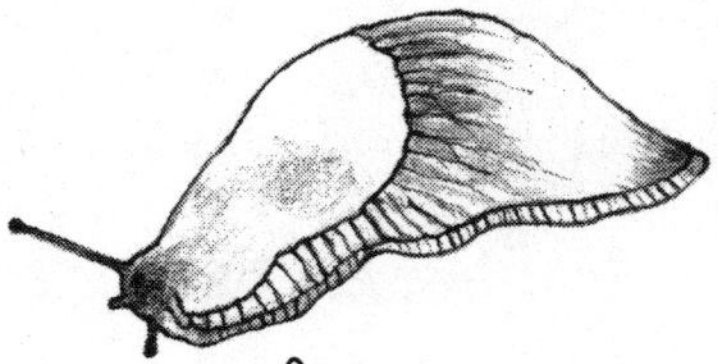
lumaca

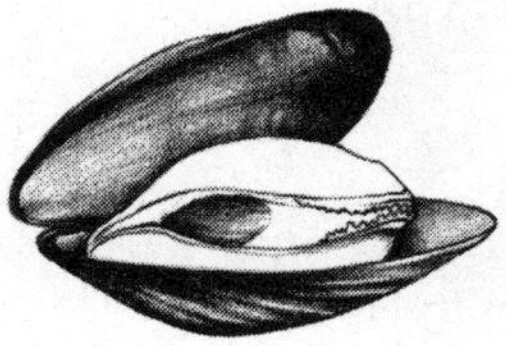
cozza

pimelia

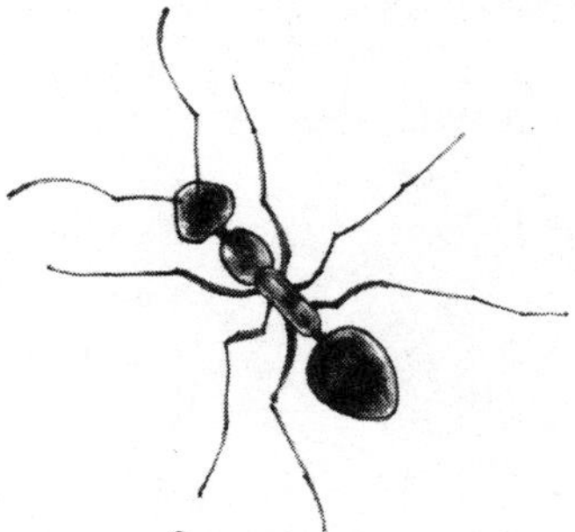
formica

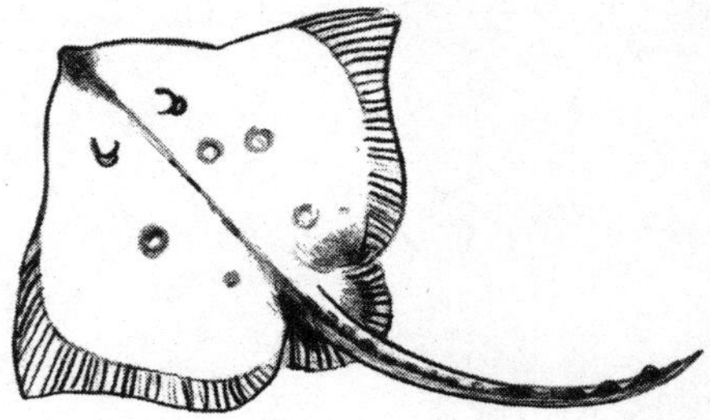
razza

scoiattolo

riccio

pecora

Soluzione: lo scoiattolo, la pecora, il topo, il riccio e la razza.

# Classificare i vertebrati

I vertebrati si suddividono in 5 categorie:
i **mammiferi** che allattano i loro piccoli;
gli **uccelli** che hanno le piume e possono volare;
i **pesci** che vivono nell'acqua;
i **rettili** che hanno le scaglie e strisciano;
gli **anfibi** che vivono in ambiente sia acquatico che terrestre.

- Ritaglia le carte delle pagine seguenti.
- Allinea le etichette delle categorie in cima al tavolo.
- Incolonna le immagini sotto le etichette corrispondenti.
- Verifica voltando le carte.

mammiferi

uccelli

mucca

leone

gatto

orca

pipistrello

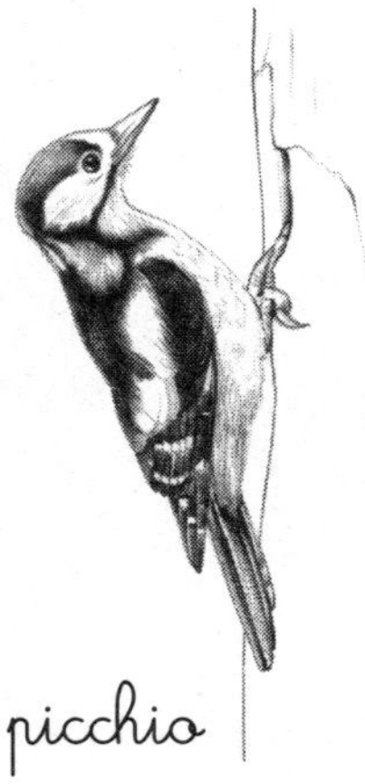

picchio

gabbiano

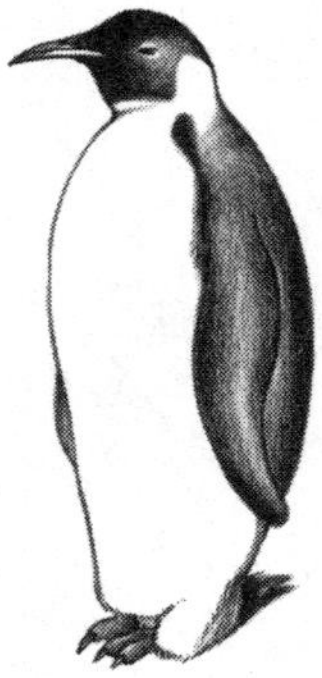

pinguino imperatore

kiwi

germano reale

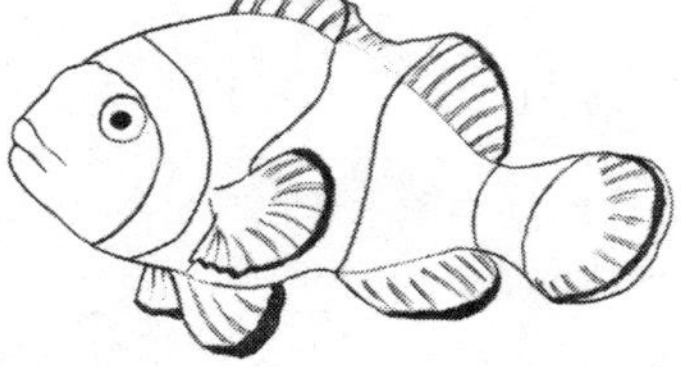

pesce pagliaccio

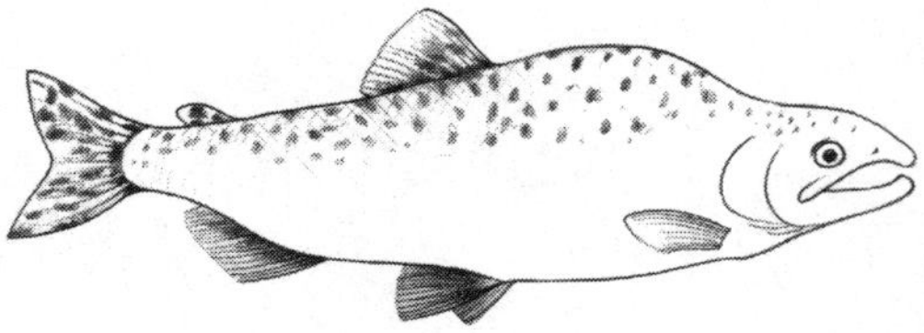

salmone

| pesci | rettili | anfibi |
|---|---|---|

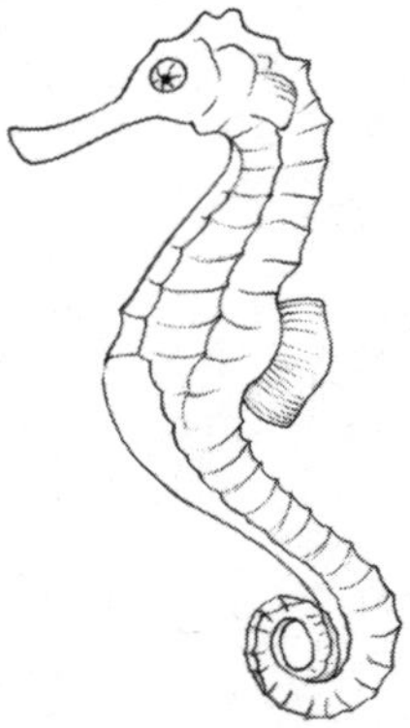

ippocampo

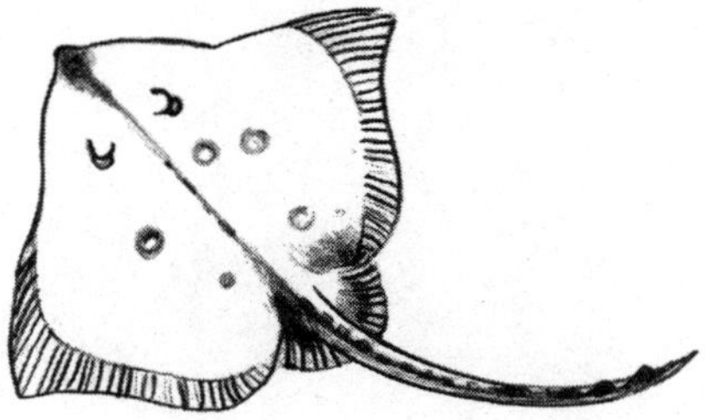

razza

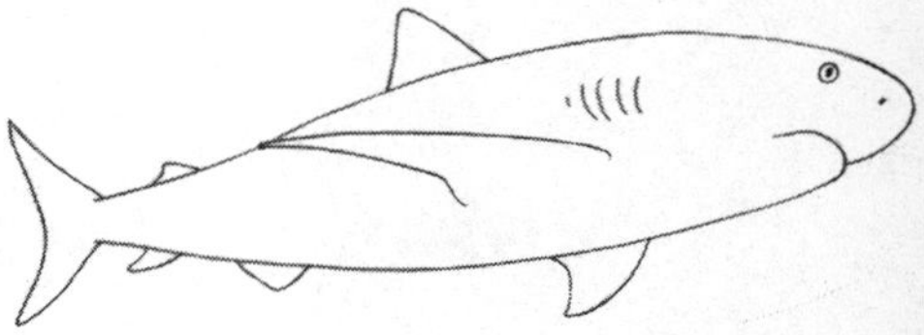

grande squalo bianco

tartaruga di terra

coccodrillo

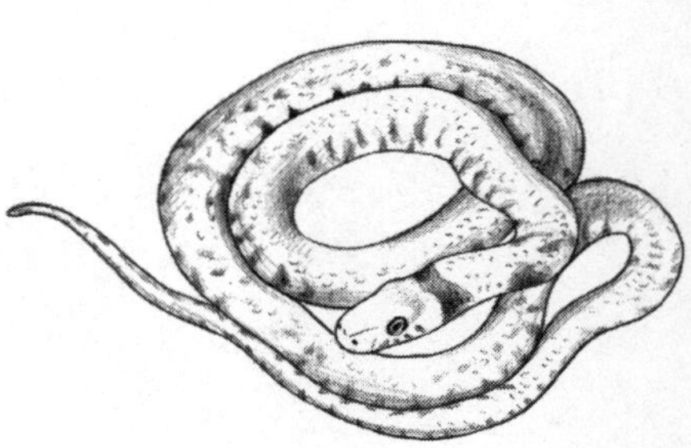

biscia

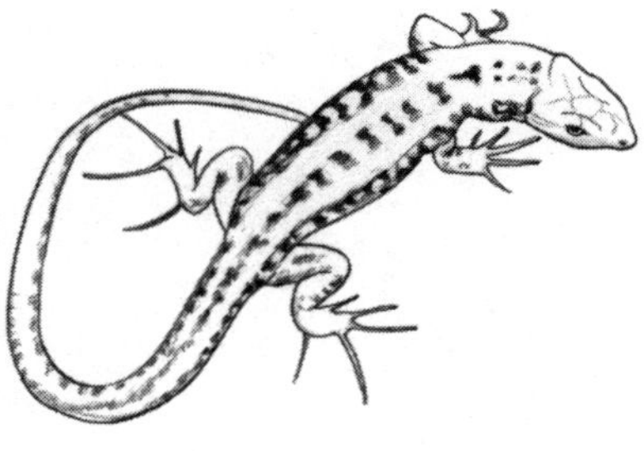

lucertola

cobra

salamandra

rana

rospo

tritone

# I mammiferi

Allattano i loro piccoli, vivono sulla terra
e spesso hanno i peli. Non tutti però: il delfino,
ad esempio, vive in acqua e di peloso non ha nulla.
Su questa pagina c'è soltanto un mammifero, sai qual è?
Scrivi il suo nome sotto la relativa immagine.

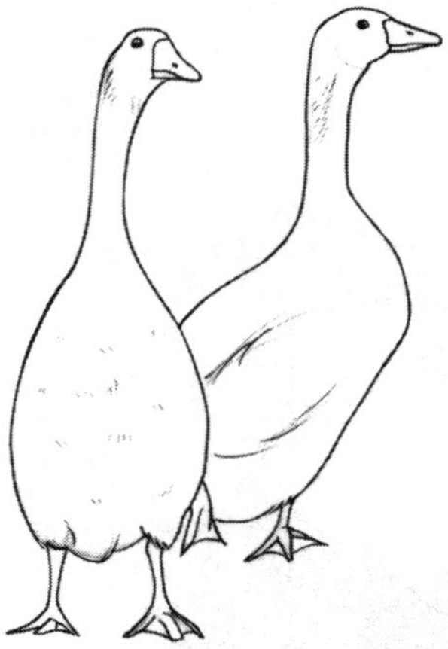

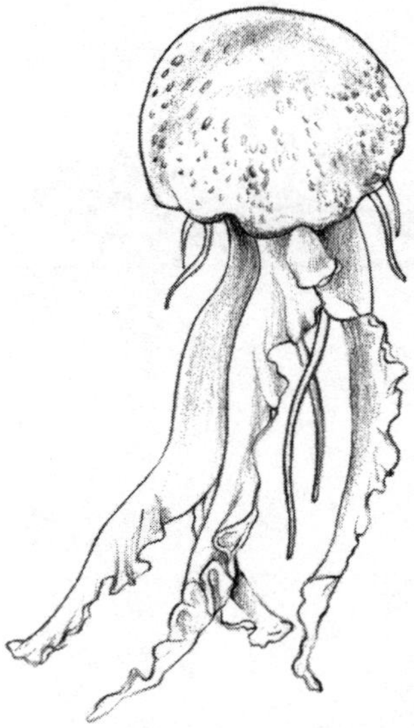

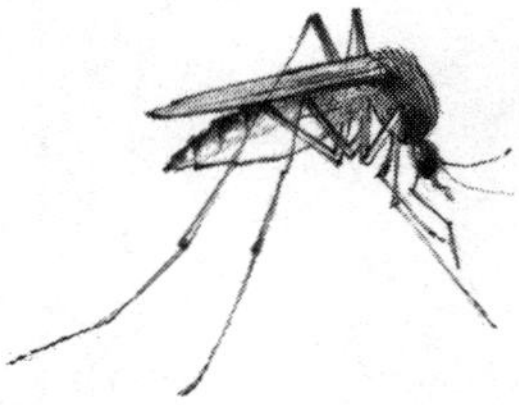

Soluzione: il coniglio.

# Indovinello

«Quando cala la notte mi aggiro nel sottobosco in cerca di lumache e vermi per la mia cena. Come sento un rumore, mi appallottolo in fretta e furia rizzando gli aculei!
Così metto in fuga tutti i miei nemici.
Chi sono?»

Ritaglia la tua risposta fra gli animali
della pagina a fianco e incollala in questa cornice.

Soluzione: il riccio.

topo

volpe

riccio

pecora

asino

lepre

# Indovinello

«Al limitar del bosco, sto all'erta… ed è per questo
che ho le orecchie tanto lunghe. Se ti sento arrivare,
scatto via così veloce che fai appena in tempo
a vedere la punta della mia coda. Chi sono?»

Ritaglia la tua risposta fra gli animali
a pagina 93 e incollala nella cornice.

Soluzione: la lepre.

# Le parti di un mammifero: il gatto

Colora in rosso le diverse parti del gatto.

La **testa**

Le **orecchie** sono poste
da ogni lato della testa.

La **coda** termina il corpo
e assicura l'equilibrio.

Il **corpo** dei mammiferi
è spesso ricoperto di peli.

Le **zampe anteriori**
sono i due membri situati
nella parte anteriore
del corpo.

Le **zampe posteriori**
sono i due membri situati
nella parte posteriore
del corpo.

# Gli uccelli

## Il colombaccio

Puoi osservarlo in prossimità delle case,
appollaiato sui cavi dell'alta tensione.
Sentirai il suo caratteristico tubare: « gruu gruu gruu... ».

Il mantello del colombaccio è grigio-azzurro.
Rosa pallido nella parte superiore,
il petto diventa bianco scendendo verso l'addome.
Il collo è ornato di due macchie bianche,
mentre il becco è rossastro.

## La cinciallegra

Si incontra spesso nei giardini,
nei parchi e nei boschi, anche d'inverno.
L'addome, di colore giallo, è attraversato
da una lunga striscia scura.
La testa è nera, le guance bianche
e le ali grigio-bluastre.

La cinciallegra ha un canto squillante.
Chiedi a un adulto di fartelo ascoltare
per imparare a riconoscerlo.

## Il merlo

In primavera, puoi sentire il suo canto melodioso
la mattina presto. Appollaiato su un tetto o su un palo,
imita alla perfezione ciò che sente!

Il maschio è tutto nero, soltanto il becco
e il contorno degli occhi sono giallo-arancio.
Il piumaggio della femmina è invece bruno.

## Il passero domestico

È l'uccello più diffuso in Europa e in Asia.
Socievole, vive vicino all'uomo. Lo si vede spesso spostarsi in stormi pigolando il suo: « cip cip ».

Il maschio ha il dorso bruno striato di nero.
Anche le ali sono brune, con i bordi bianchi.
Il becco, di forma conica, è grigio-nero.
Le guance bianche spiccano sulla sua testa scura.
Più sobrio, il mantello della femmina è color grigio-beige.

## Lo scricciolo comune

È fra i più piccoli uccelli europei: non pesa più di 9 grammi!
Gli piace farsi sentire: inerpicato su un ceppo, con la codina all'insù, lancia dei « tit-tit-tit » molto sonori.

Individuarlo non è facile perché il suo piumaggio bruno chiazzato si confonde con il paesaggio.
Lo scricciolo è un uccellino vivace e scattante che ama intrufolarsi nei boschetti.

# La gazza

La gazza ha proprio un brutto vizio:
ruba gli oggetti che luccicano e li nasconde.
Puoi facilmente avvistarla in città, nei giardini e nei parchi.

Ha un addome bianchissimo
e un piumaggio nero che brilla di riflessi verde-blu.
Oltre ad essere ladra, la gazza è una gran chiacchierona!
Lancia rapidi stridi rumorosissimi: « ciak-ciak-ciak ».

# Gli uccelli

Indica il nome di questi uccelli.
Puoi aiutarti con le descrizioni delle pagine precedenti (98-103).

-----------------------------------------------

-----------------------------------------------

-----------------------------------------------

# Le parti dell'uccello

Osserva le varie parti dell'uccello e indicane il nome.

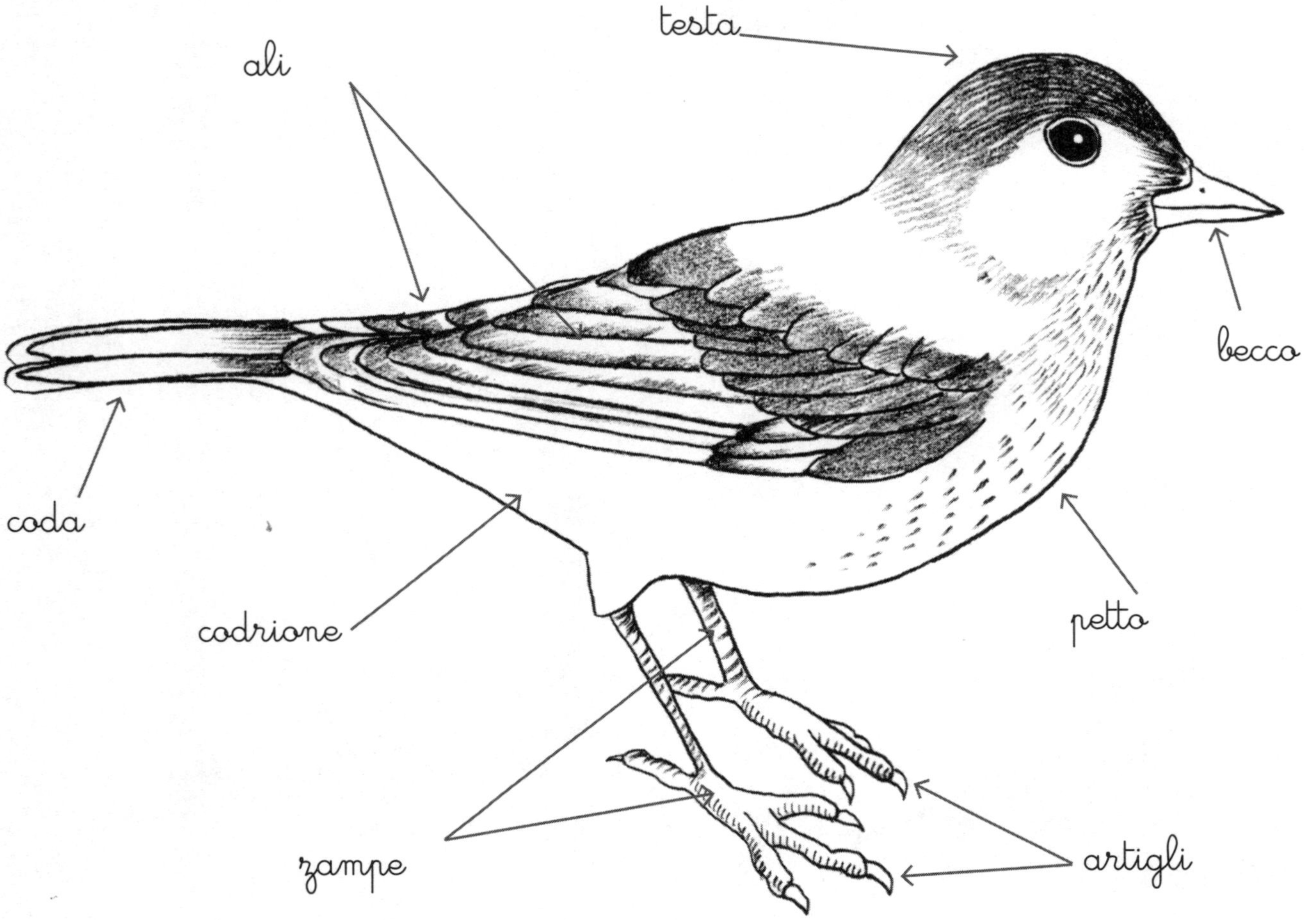

# Componi il tuo uccello

Colora e ritaglia le parti dell'uccello.
Incollale nella cornice a fianco.
Disegna uno sfondo per il tuo uccello:
un ramo, un nido, qualche foglia...

testa

becco

zampe

ali

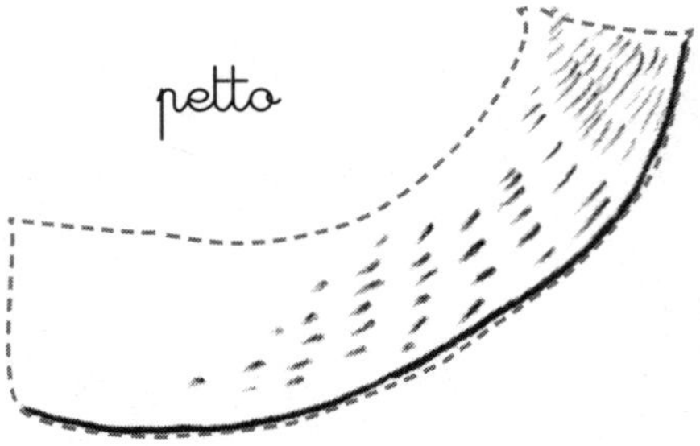

petto

coda

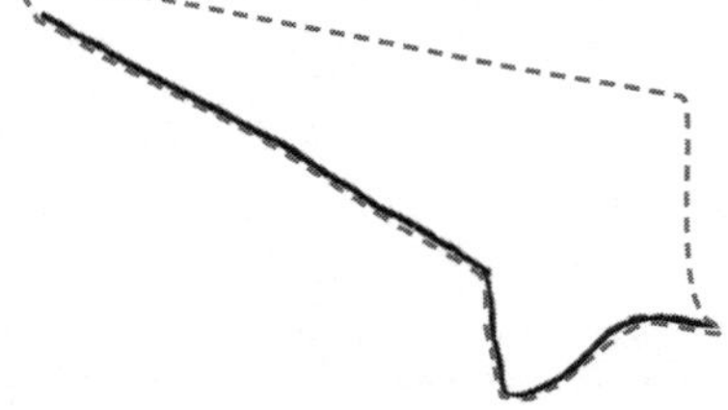

codrione

**Consiglio per i genitori:**
Se avete tavolette a incastro rappresentanti animali, potete proporre al bambino di usarle per disegnare le diverse parti del corpo su cartoncini colorati, ritagliarle e incollarle per ricomporre la figura.

# Dar da mangiare agli uccelli d'inverno

Ti serviranno:

una pigna

del burro di arachidi

un piatto di semi per uccelli

uno spago lungo 30 cm

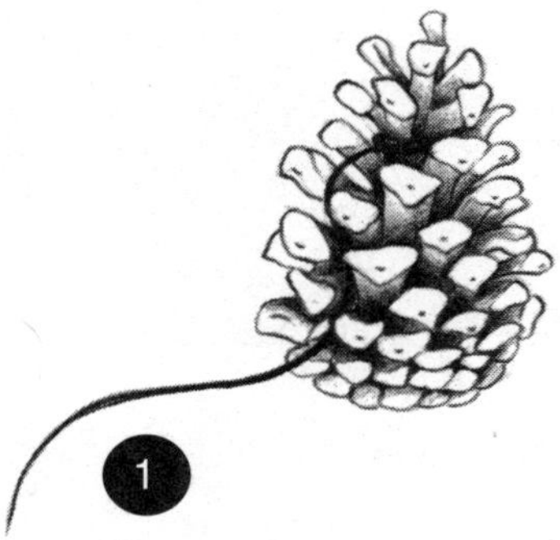

1

Lega lo spago alla parte
superiore della pigna.

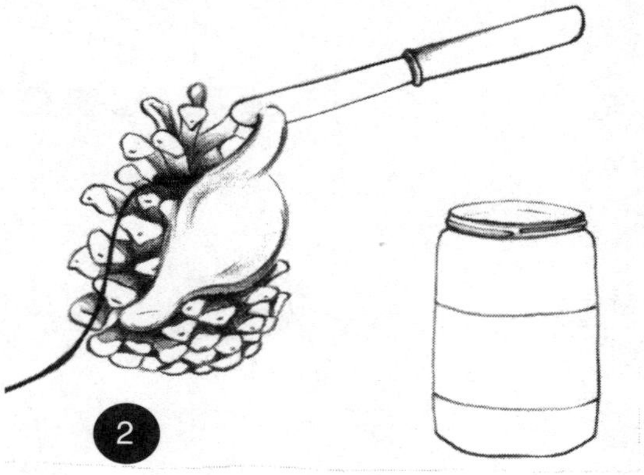

2

Con un coltellino,
ricopri la pigna
di burro di arachidi.

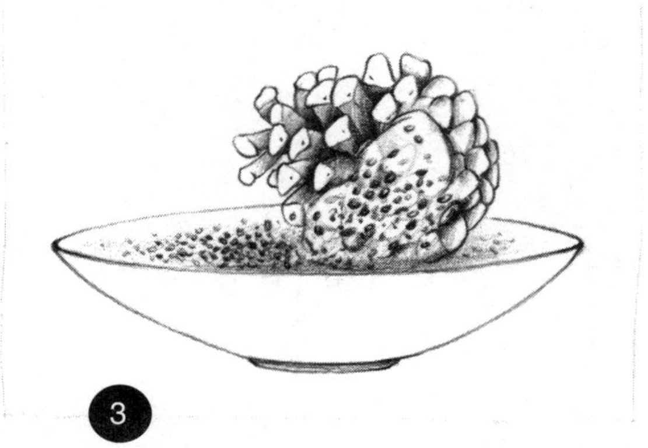

3

Passa la pigna nel piatto
di semi e scuotila un po'
per togliere quelli
in eccesso.

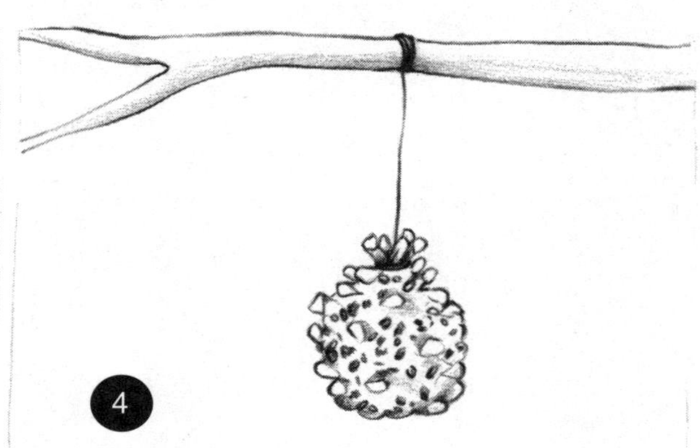

4

Sospendi la pigna
a un ramo, in un punto
che potrai osservare
da lontano.

<u>Attenzione</u>!
Dai da mangiare agli
uccelli soltanto d'inverno,
quando il cibo scarseggia.

# Indovinello

«Vivevo nei boschi, ma spesso mi davano la caccia.
Ora volo in città e sto ben più tranquillo.
Mi diverto persino a mescolarmi alla folla,
a fare la ruota, a tubare... Chi sono?»

Ritaglia la tua risposta fra gli uccelli
a fianco e incollala nella cornice.

Soluzione: il colombaccio.

corvo

picchio rosso maggiore

colombaccio

gazza

merlo

cinciallegra

- Ritaglia le diverse parti del mobile.
- Intaglia delicatamente le linee tratteggiate sulla coda, le ali e il corpo. Con l'aiuto di un adulto, assembla il tuo uccello inserendo la coda e le ali nel corpo.
- Per appendere il mobile, infila il filo in un ago e fallo passare attraverso il corpo dell'uccello.
- Fotocopiando o ricalcando questo modello, crea altri uccelli per completare il tuo mobile.

# I nidi degli uccelli

Ogni specie di uccello costruisce un nido diverso.
Eccone 4 esempi. Ritaglia ogni uccello (pagina a fianco) e incollalo sul suo nido.

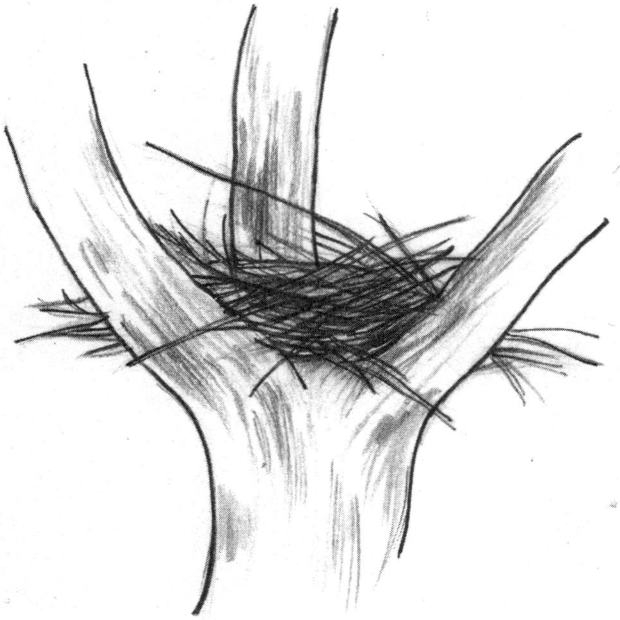

nido di colombaccio

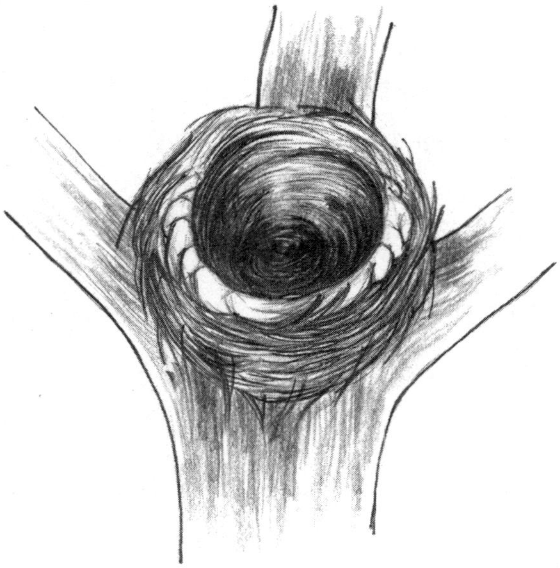

nido di merlo

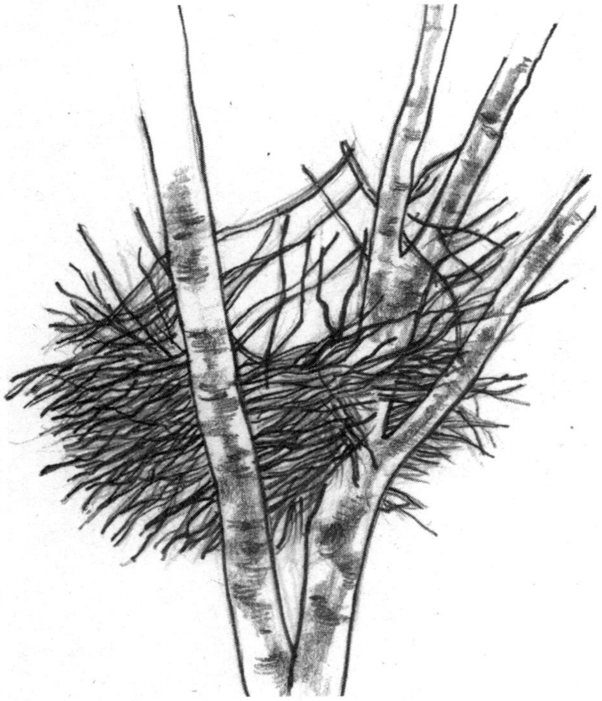

nido di gazza

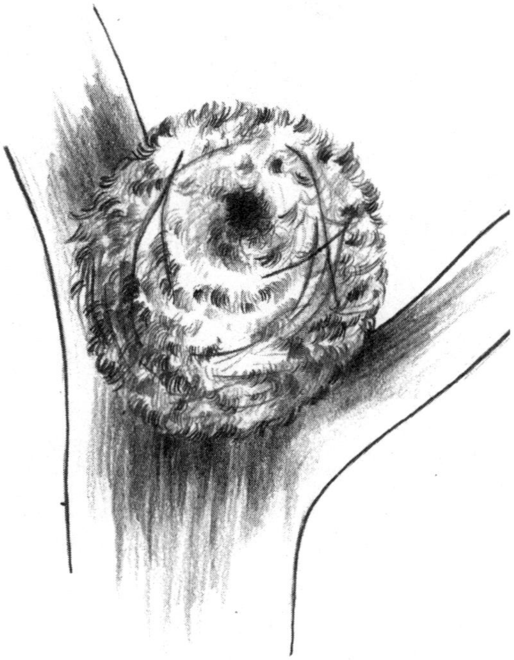

nido di scricciolo comune

Il **colombaccio** ammassa ramoscelli su un grande albero. Spesso le uova sono ben in vista!

Lo **scricciolo comune** arrotola una grossa palla di muschio e la camuffa con un po' di foglie: un nido piccolo ma molto soffice!

Il **merlo** fa il suo nido sugli alberelli ben nascosti. Ne rinforza poi il bordo con del fango.

Il nido della **gazza** è una grossa palla di rami in cima a un albero. La gazza costruisce dapprima una sorta di coppa di rami e fango, per poi poggiarvi sopra altri ramoscelli.

# Scomponi un nido

Gli uccelli ricorrono a vari materiali per costruire il loro nido.
Il cardellino riveste il suo di lanugine di cardo,
mentre il codibugnolo usa le ragnatele!

Scomponi un vecchio nido (puoi trovarne d'inverno sugli alberi)
per scoprire di cosa è fatto.

**Attenzione!** Raccogli i nidi solo da settembre a dicembre,
ma non prendere quelli grandi: gli uccelli potrebbero riutilizzarli.

# Le case degli animali

- Ritaglia le carte della pagina a fianco
  e delle seguenti, poi associa gli animali ai loro rifugi.
- Per correggerti, gira le carte delle case.

- Puoi conservare le carte in una busta.
- Incolla sulla busta l'adesivo **Le case degli animali**
  (in fondo al quaderno).

albero

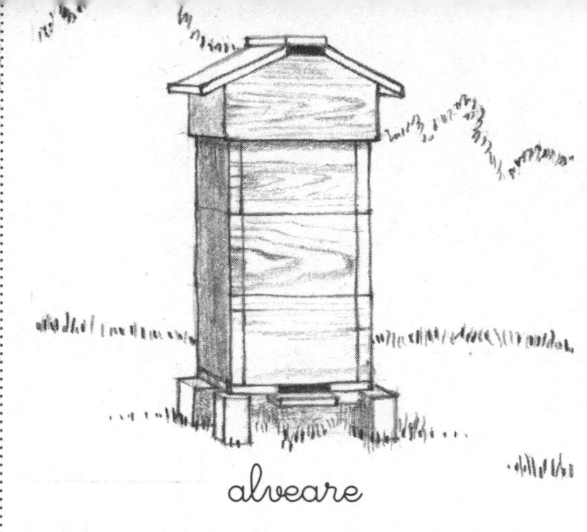
alveare

formicaio

stagno

scuderia

mare

tana

stalla

carapace

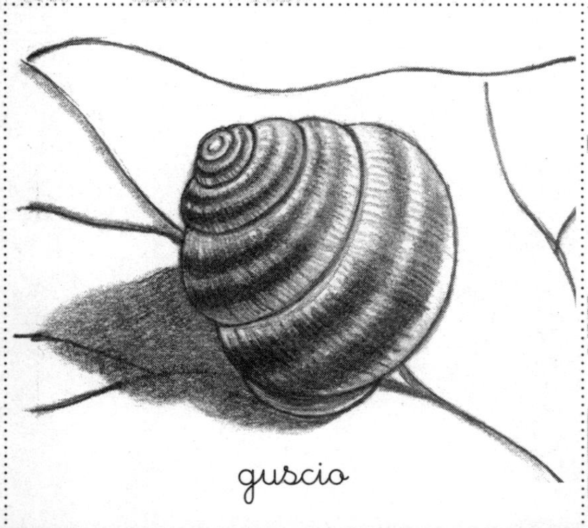
guscio

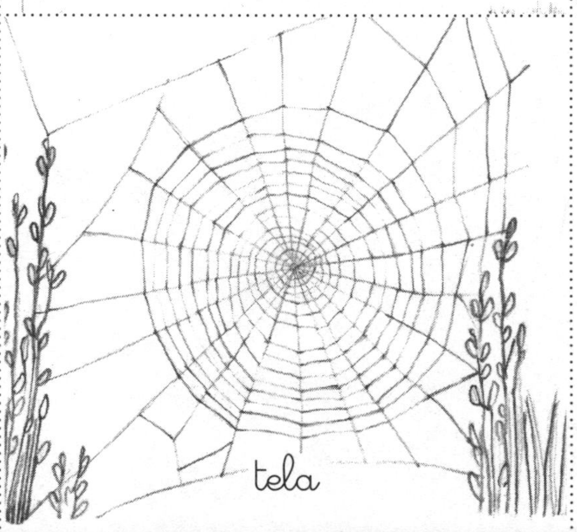
tela

campo di fiori

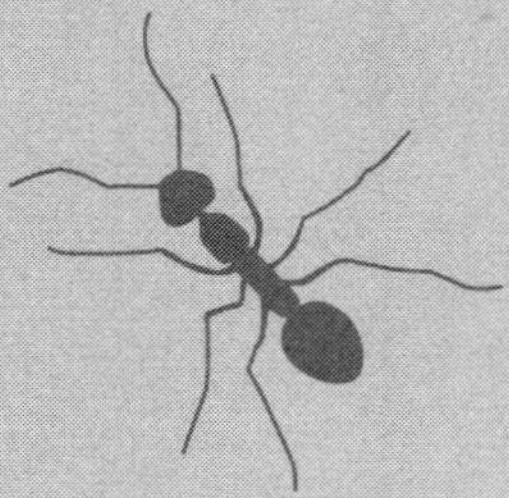

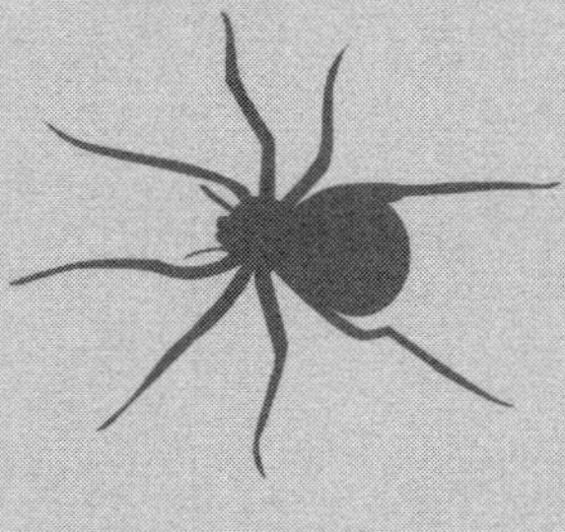

uccello

ape

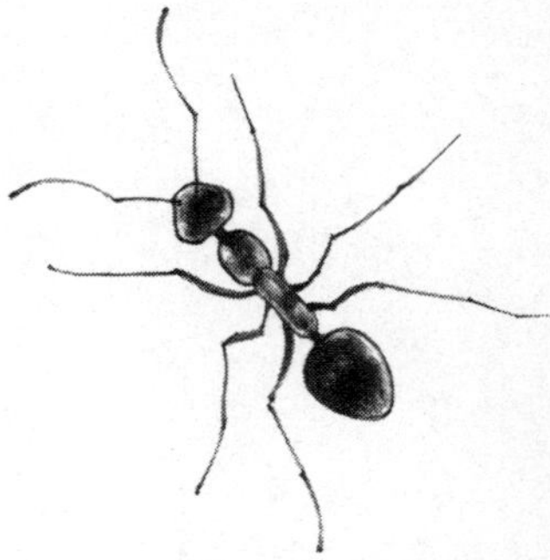

formica

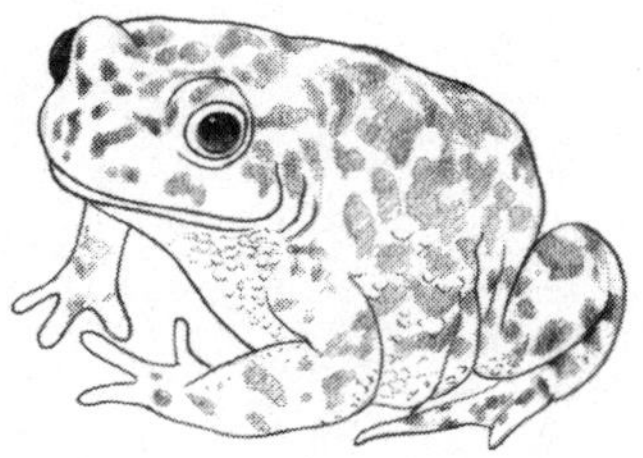

rospo

cavallo

pesce

lepre

pecora

tartaruga

chiocciola

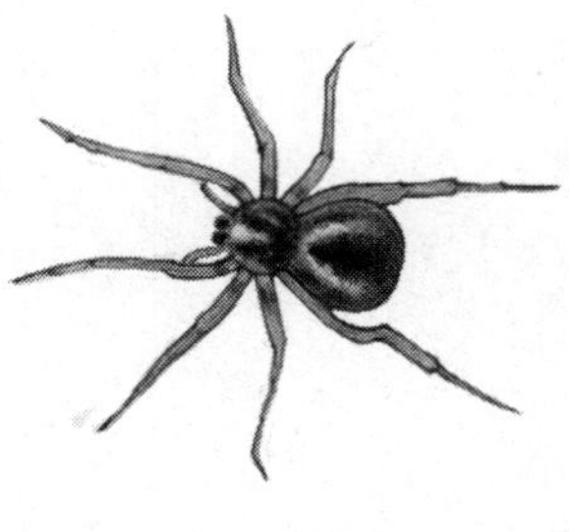

ragno

farfalla

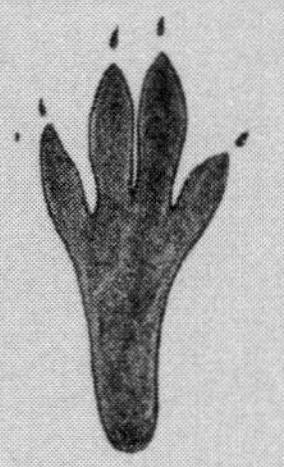

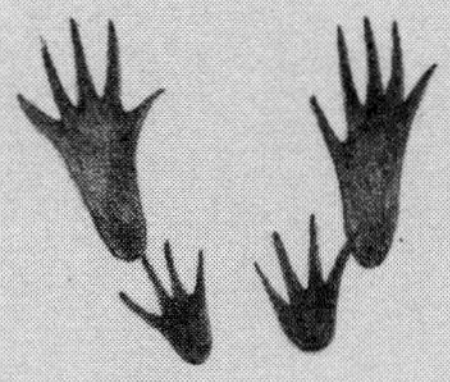
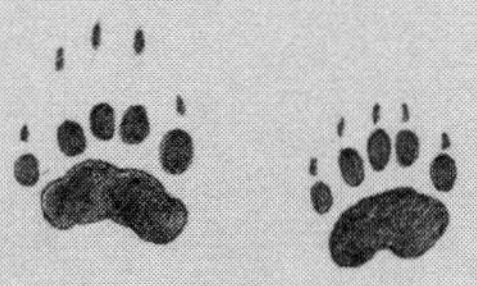
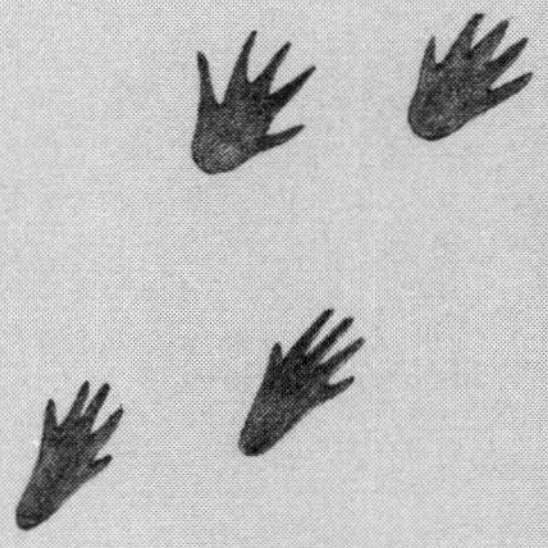

cervo

cane

lepre

riccio

tasso

scoiattolo

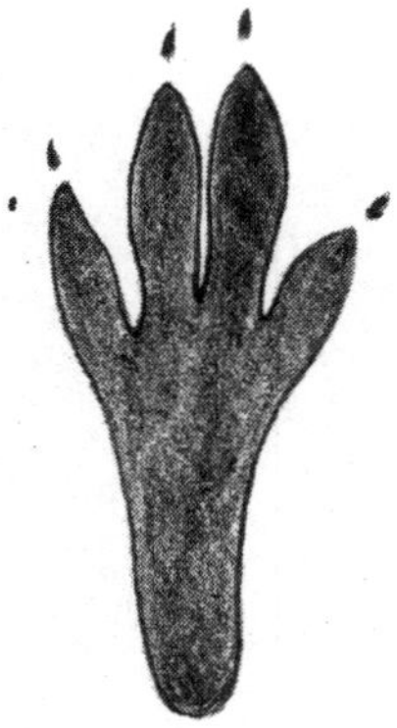

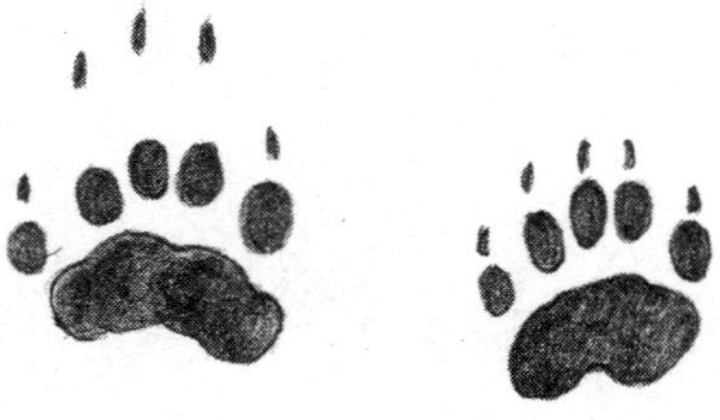

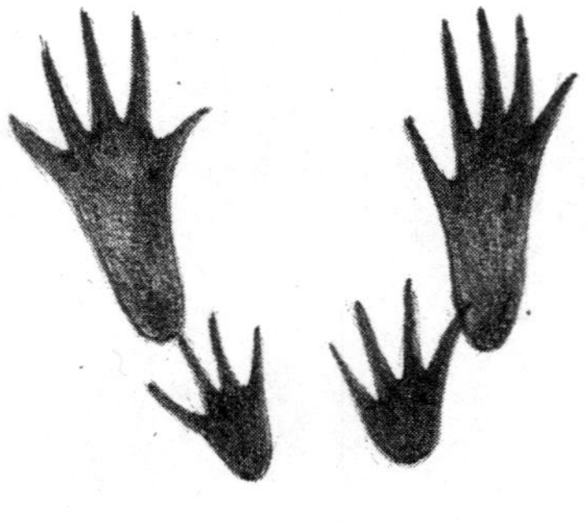

# Le impronte degli animali

In natura, per sapere a quale animale appartengano delle impronte, si guarda se ci sono tracce di artigli o di zoccoli, oppure si contano le dita... Si osserva anche la loro posizione.

Allenati con questo gioco!

- Ritaglia le carte della pagina a fianco e associa gli animali alle rispettive impronte.
- Per correggerti, gira le carte degli animali: l'immagine dell'impronta corrispondente è ritratta sul dorso.

# Gli insetti

Trova i 10 insetti di quest'immagine e colorali.
Occhio all'intruso!

Scrivi qui sotto il nome degli insetti che conosci.

L'intruso è il ragno.

# Indovinello

«Sono un insetto innocuo, piccolo e carino.
Ho due ali rigide per proteggermi e altre due per volare.
Sono tutta colorata, spesso di rosso a puntini neri.
Sono una gran golosa: posso divorare fino a 50 pidocchi
delle piante al giorno! Anche per questo mi trovano simpatica
e utile in giardino! Chi sono? »

Soluzione: la coccinella.

farfalla

coccinella

cimice rossonera

dorifora

Ritaglia la tua risposta fra
gli insetti ritratti su questa pagina
e incollala nella cornice.

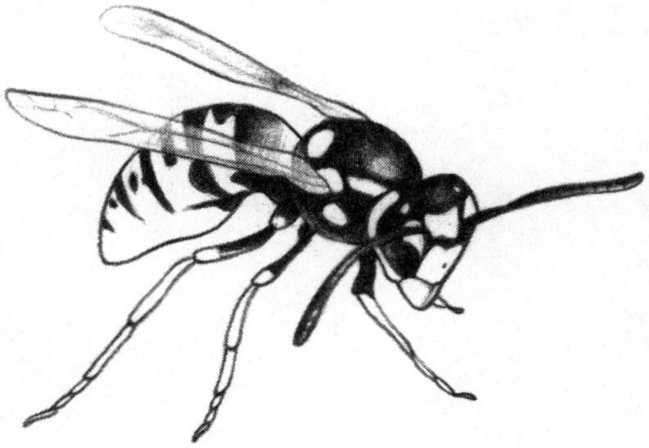

vespa

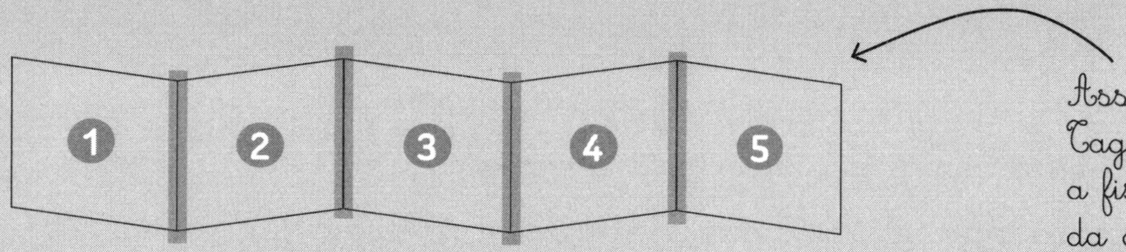


Assembla le immagini con dello scotch.
Taglia i lembi sporgenti e piega le carte a fisarmonica. Otterrai così un dépliant da conservare.

5

1

4

2

3

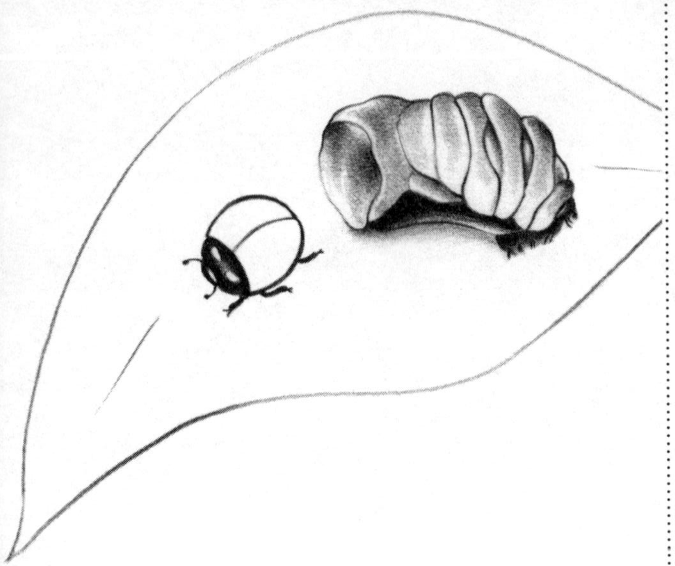
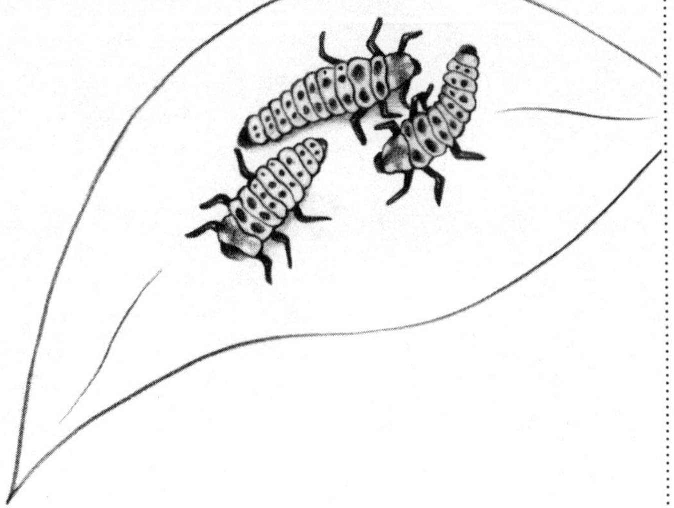
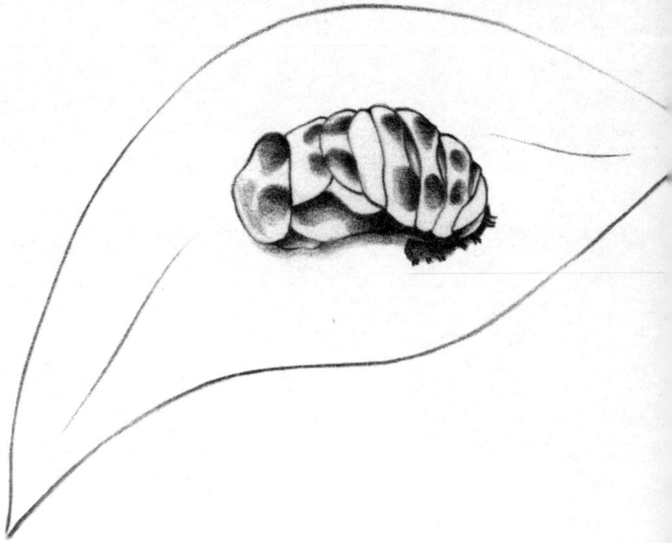

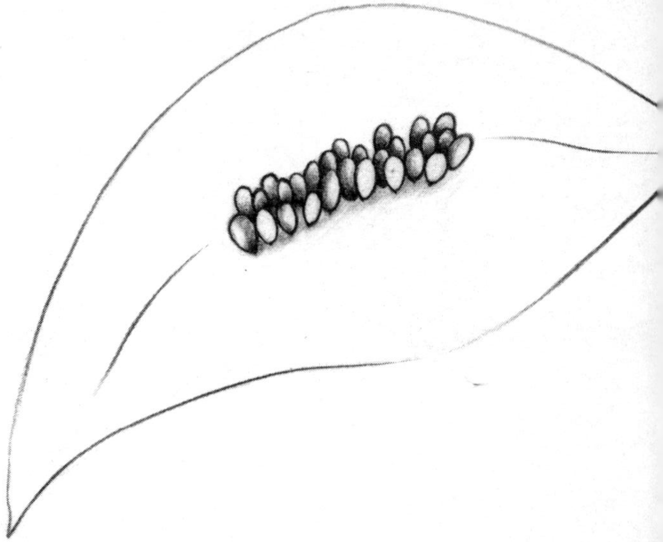

Colora le immagini del ciclo di vita della coccinella.
Ritagliale e ordinale nella sequenza giusta.
Puoi aiutarti con lo schema della pagina di destra.

# Il ciclo della coccinella

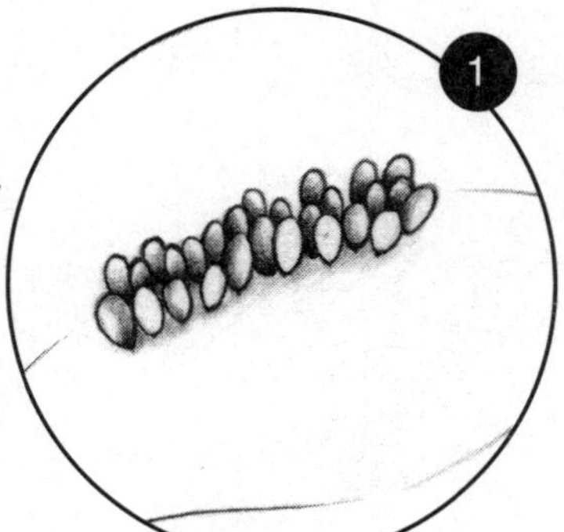


**uova**
In primavera, la coccinella sceglie una foglia invasa dai pidocchi delle piante per deporre le uova. Sono molto piccole e di colore giallo.

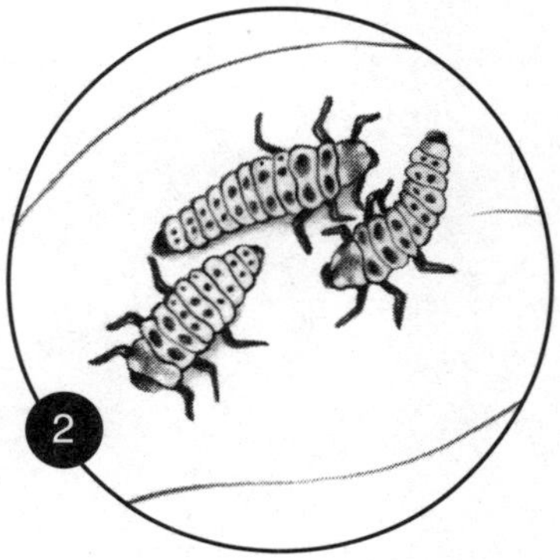


**larve**
Passati 7 giorni, nascono le larve e divorano i pidocchi.

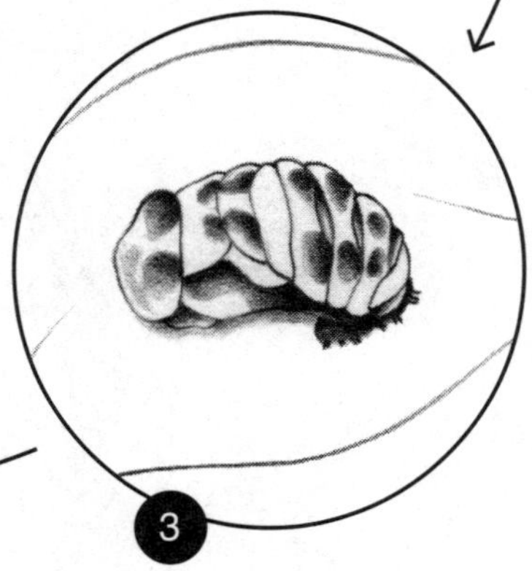


**ninfa**
Quando sono ingrassate a sufficienza, le larve si rannicchiano e rimangono immobili, aggrappate a una foglia con qualche filo di seta.

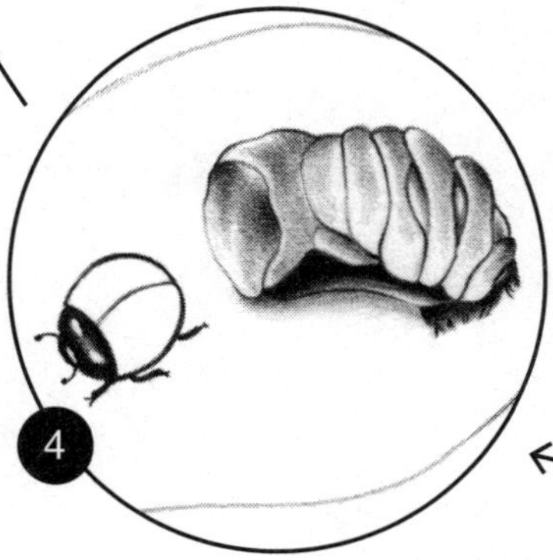


**giovane coccinella**
Dopo 8 giorni, una coccinella color giallo pallido si libera del suo involucro: la larva si è trasformata!

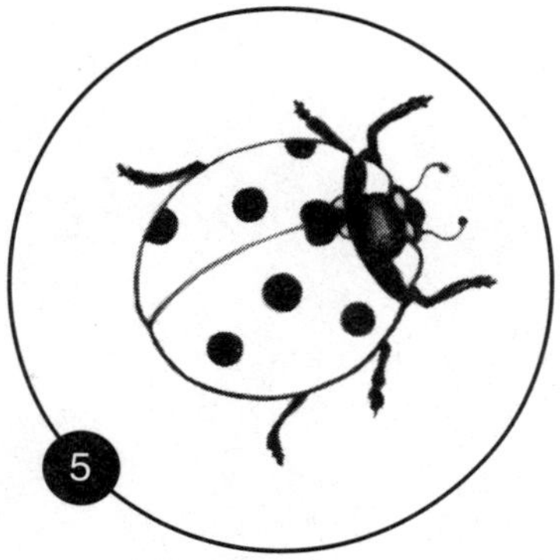


**coccinella adulta**
Nel giro di 2 giorni, la coccinella diventa rossa con dei puntini neri.

# Le parti dell'insetto

Osserva le varie parti dell'insetto e indicane il nome.

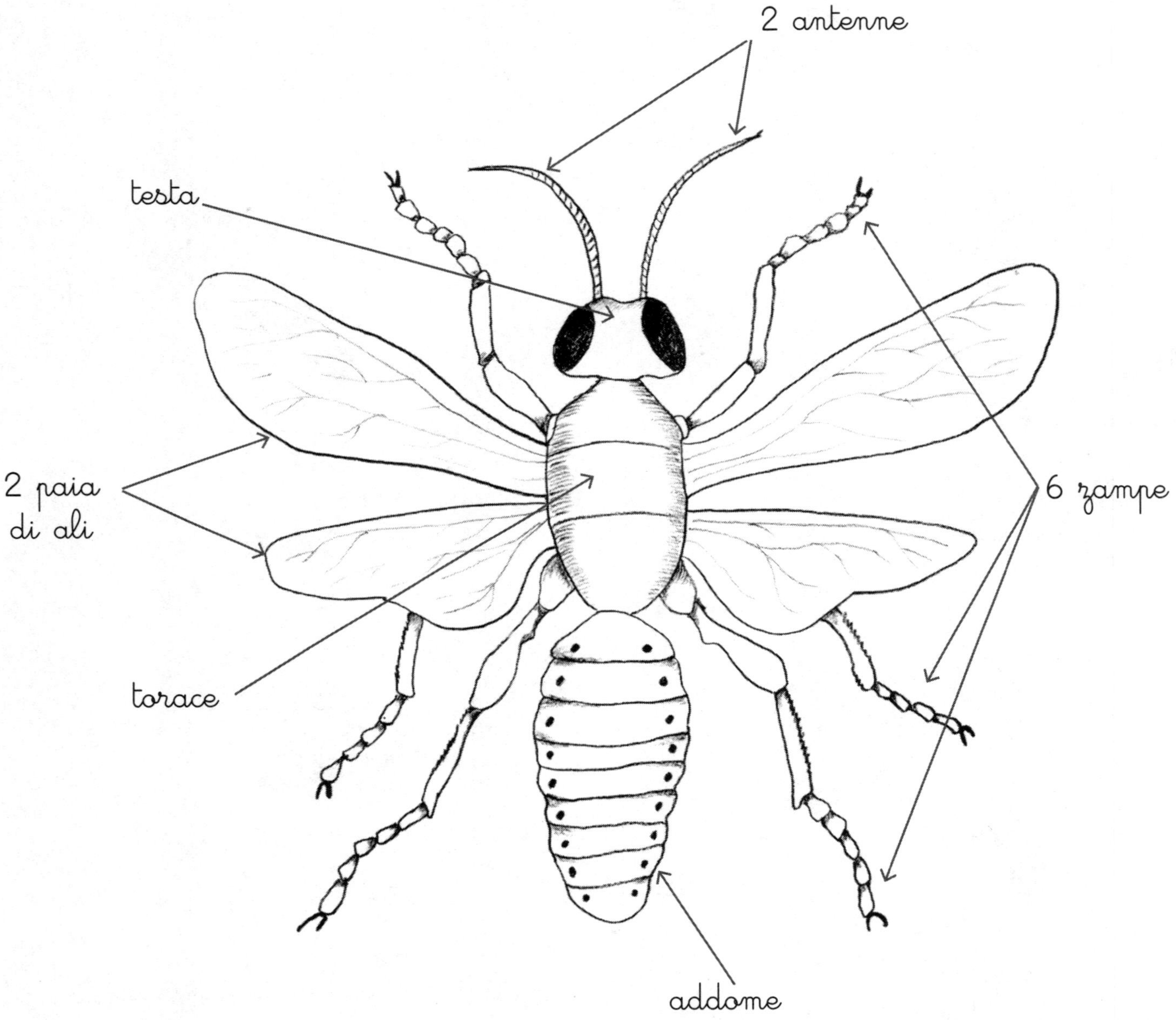

Colora in rosso le varie parti dell'insetto.

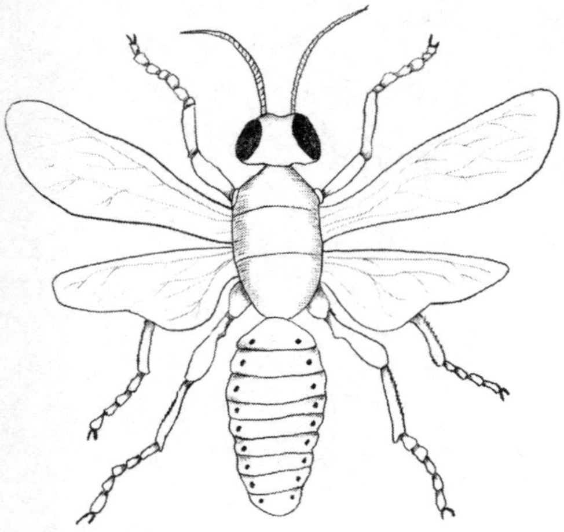

L'insetto ha **6 zampe** attaccate al torace.

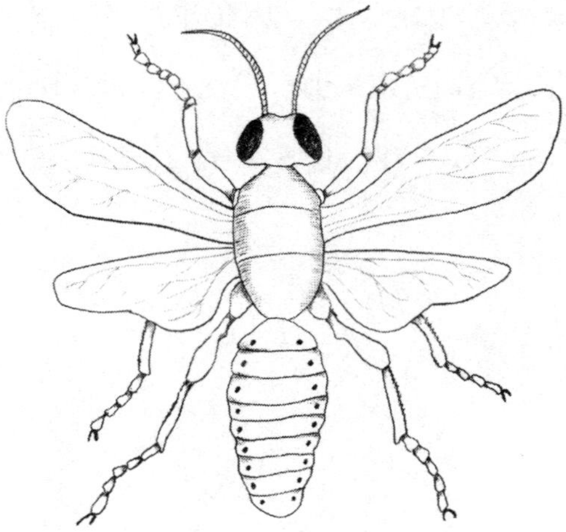

Alcuni insetti hanno le **ali** per volare. Anch'esse sono attaccate al torace.

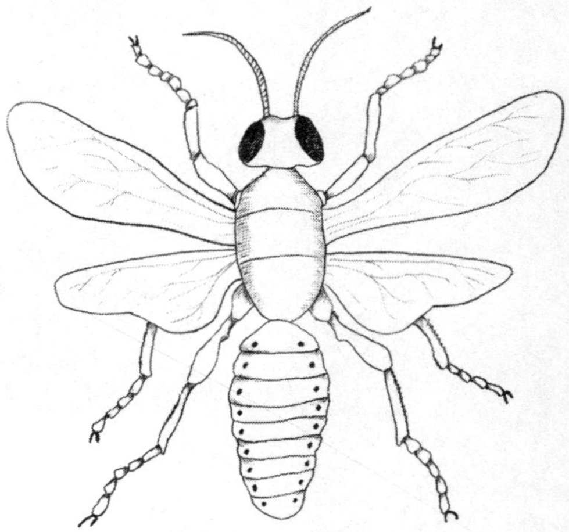

Le **antenne** servono a toccare e sentire.

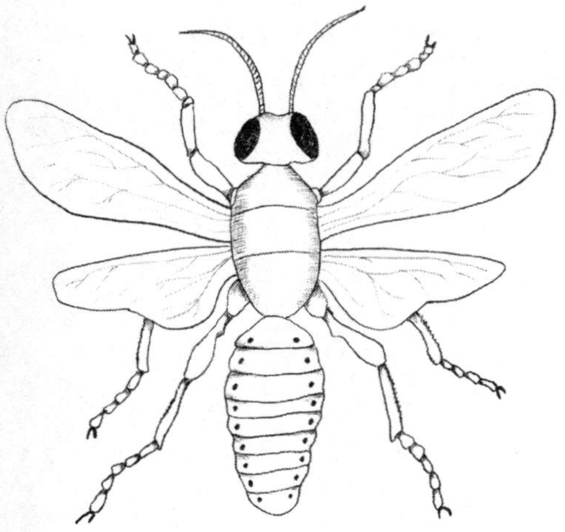

La **testa** è la prima parte del corpo dell'insetto. Su di essa si trovano gli occhi e le antenne.

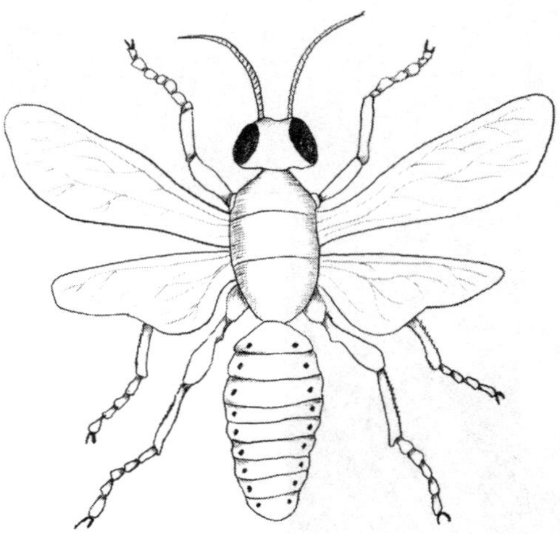

Le zampe e le eventuali ali si trovano sulla seconda parte del corpo: il **torace**.

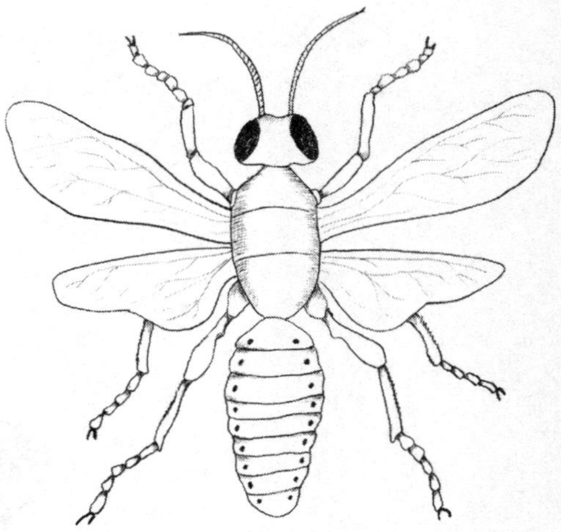

L'**addome** è la terza parte del corpo. È sempre privo di zampe.

# Le farfalle

Osserva bene queste farfalle e cerca la metà
mancante fra gli adesivi che trovi in fondo al quaderno.
Potrai poi colorare le ali ispirandoti al relativo modello.

**La Pyronia tithonus**
Vola da luglio a settembre.
La si può trovare sui fiori
di rovo, per i quali va matta.

**L'argo azzurro**
La si incontra da aprile
a ottobre. Vola spesso in coppia.
È nota anche come « icaro ».

**L'atalanta**
Vola da aprile a ottobre.
La si incontra spesso nei giardini.
È nota anche come « vulcano ».

**Il macaone**

In volo da marzo a settembre,
questa grande farfalla
è in continuo movimento.

**La latonia**

Vola da marzo a ottobre.
Il rovescio delle sue ali presenta
macchie madreperlate.

**La vanessa io**

Nota anche come « occhio
di pavone », la si incontra
da febbraio a ottobre.

# Disegna una farfalla

Con le tempere, disegna macchie di colore su un solo lato della farfalla.
Chiudi poi il quaderno, schiaccia bene e riapri!

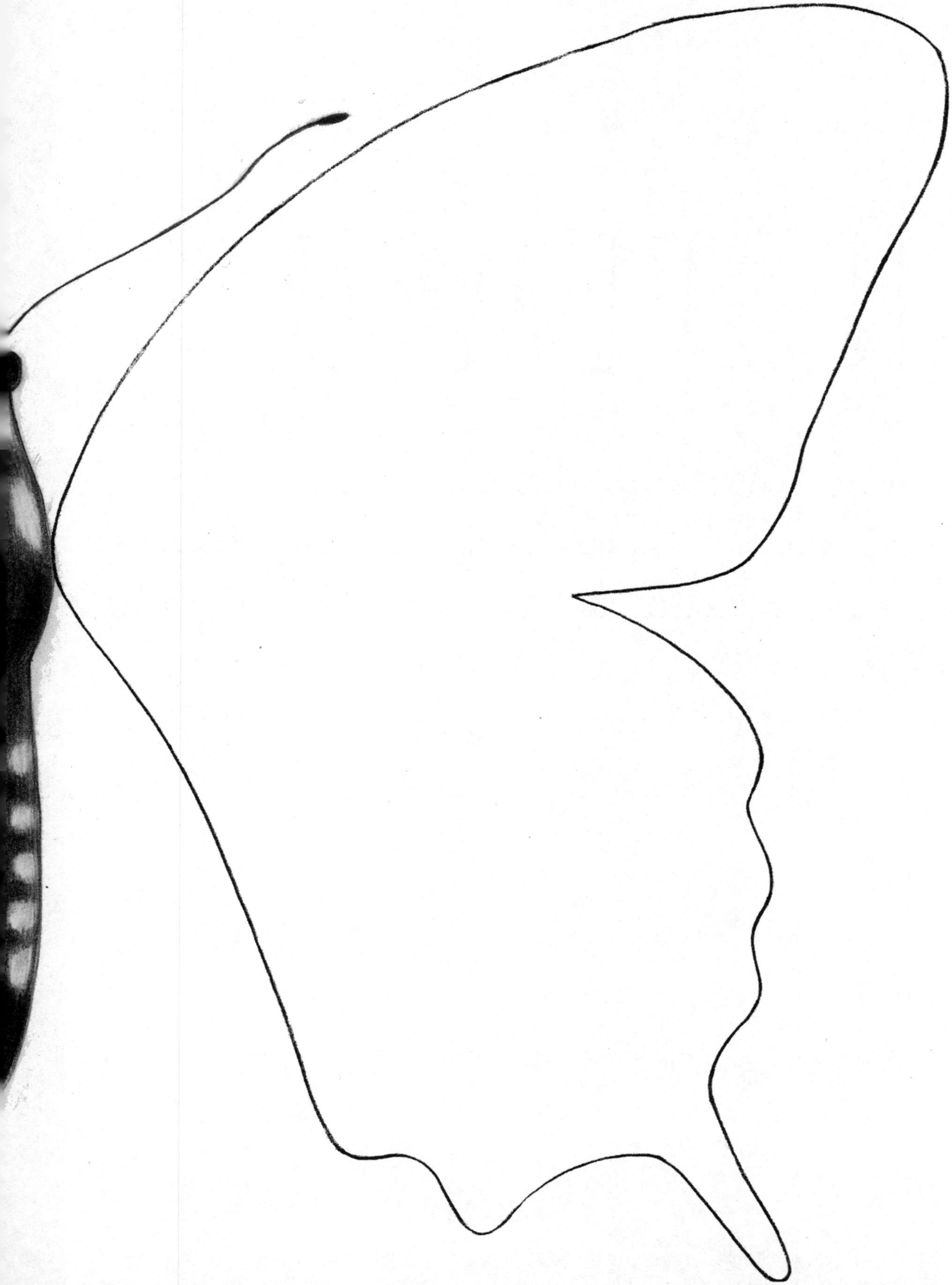

# IL TEMPO

Prendere coscienza del tempo che passa
e orientarsi nel tempo non è sempre facile.
Ecco alcune attività che ti aiuteranno a farlo.

prima

dopo

- Alla fine del quaderno troverai gli adesivi da incollare in questa tabella. Osserva bene le immagini e inserisci a sinistra ciò che succede «prima» e a destra ciò che succede «dopo».
- Con l'aiuto di un adulto, racconta piccole sequenze come questa: «**Prima** la rosa era chiusa, **dopo** è sbocciata».

# Passato, presente, futuro

- Ritaglia la tabella a pagina 148-149, unisci le 2 parti con lo scotch e appendile al muro. Per distinguerle meglio, colora ogni parte in modo diverso.
- Con la pasta adesiva, incolla foto o disegni di quello che fai oggi (ciò che mangi, un'attività...) e di quello che farai domani (andare a trovare un amichetto, andare al mercato...).
- Domani, sposta le immagini: quelle che sono nel **presente** vanno nel **passato** e quelle che sono nel **futuro** vanno nel **presente**!
- Aggiungi ogni giorno nuove immagini e sposta quelle che vanno spostate. Presto avrai una montagna di immagini nella colonna del passato!

| passato (ieri) | presente |
| --- | --- |
| | |

(oggi)

futuro (domani)

# Passato, presente, futuro (seguito)

**Consiglio per i genitori:**
Accompagnate ogni giorno vostro figlio in quest'attività, gli consentirà di prendere coscienza del tempo che passa. Sarà un momento da condividere con lui, invitandolo a parlare del presente, del passato e del futuro.

# La mia giornata

Quest'attività ti permetterà di orientarti nell'arco della giornata.

- Ritaglia il disco della pagina a fianco e appendilo al frigorifero.
- Procurati un magnetino: al mattino posizionalo sull'immagine della bambina che si alza. Poi, prima di andare a scuola, spostalo. Se torni a casa per mangiare, sposta il magnetino sul pranzo e così via...
- Ogni volta che ne hai voglia, guarda il tuo disco e sistema il magnetino al posto giusto.

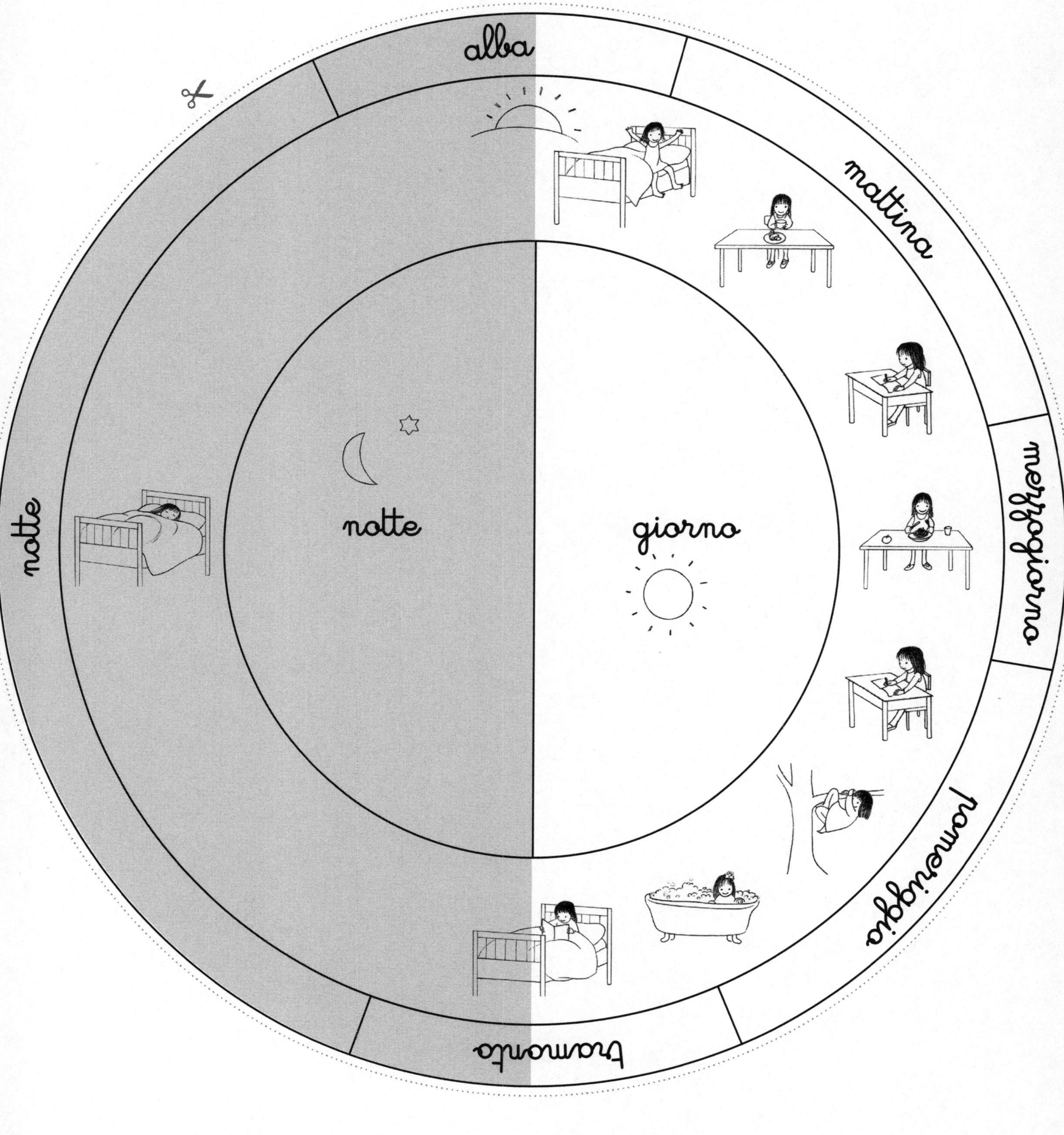
alba
mattina
mezzogiorno
pomeriggio
tramonto
notte
notte
giorno

| lunedì | martedì | mercoledì | giovedì | venerdì | sabato | domenica |
| --- | --- | --- | --- | --- | --- | --- |
| | | | | | | |
| | | | | | | |
| | | | | | | |
| | | | | | | |

# La settimana

Ora che sai orientarti nell'arco della giornata,
ecco un'altra tabella da appendere al frigorifero:
riporta i 7 giorni della settimana.

• Ogni mattina, sposta il magnetino che indica il giorno e guarda quello che farai durante la giornata.

**Consiglio per i genitori:**
Ritagliate l'agenda della pagina di sinistra e riempitela insieme a vostro figlio, ragionando con lui su ciò che fa ogni giorno della settimana. Alcune attività, come la scuola, sono ricorrenti, altre invece saltuarie.
Incollate con la gomma adesiva piccole immagini o disegni delle diverse attività settimanali. Giunti a domenica sera, preparate insieme al bambino la settimana successiva.

# I giorni della settimana

I giorni della settimana si succedono sempre nello stesso ordine,
da lunedì a domenica e poi di nuovo daccapo!

Vado a scuola
e porto da solo
la mia cartella.
Oggi è:

Piove, per non bagnarmi
prendo l'ombrello e mi
avvio verso la scuola.
Oggi è:

Sono in ritardo
alla lezione di danza,
presto, sbrighiamoci!
Oggi è:

Stamattina porto
a scuola il mio
orsacchiotto.
Oggi è:

- Ritaglia le etichette dei giorni della settimana ed esercitati a metterli nell'ordine giusto sotto le immagini.
- Per correggerti, puoi girare le etichette e guardare il numero riportato sul dorso.

Ho voluto portare
un mazzo di fiori
alla maestra.
Oggi è:

Vado al mercato con
la mamma e mi porto
il cestino.
Oggi è:

Ho preparato
una torta, andiamo
a trovare mia zia.
Oggi è:



lunedì

martedì

mercoledì

giovedì

venerdì

sabato

domenica

# Sequenze di azioni

Ecco alcune piccole storielle raccontate con 3, 4 o 5 carte.
Ritaglia le immagini e ricomponi la sequenza di ogni storia.

- Per prima cosa, unisci con una graffetta le immagini che vanno insieme (ti aiuteranno i disegni riportati sul dorso).
- Comincia con una storia da 3 carte. Un adulto può già posizionare quella centrale.
- Trova l'immagine che viene prima e quella che viene dopo.
- Quando hai riordinato le immagini della storia, raccontala a qualcuno: così vedrai se la sequenza è giusta!

POSTA

# La striscia dell'età

- Ritaglia delle strisce dalla pagina di sinistra seguendo i trattini.
- Chiedi a ogni membro della tua famiglia la sua età e conta su una striscia un quadratino per ogni anno. Comincia da te! Se hai 5 anni, conta 5 quadratini.
- Taglia la striscia e incollala su un grande foglio.
- Fai lo stesso con il fratellino, la sorellina, i genitori, i nonni... Appendi poi il foglio al muro: vedrai che alcune strisce saranno lunghissime!

**Consiglio per i genitori:**
Quest'attività aiuterà il bambino a realizzare l'età dei vari membri della sua famiglia e a collocarsi rispetto a ognuno di loro.

Tagliate in 2 un foglio A4 nel senso della lunghezza. Su una metà scrivete il nome e l'età di ogni persona, cominciando da vostro figlio. Aiutatelo poi a ritagliare le strisce, che dovrà incollare sotto i nomi corrispondenti.

# Il compleanno

Ecco un rito da condividere con i tuoi amici!
Chiedi al papà o alla mamma di aiutarti a prepararlo.

Riunite alcune foto di vostro figlio: una per ogni anno e altre ritraenti i momenti più importanti della sua vita. Tracciate un grande cerchio per terra con il gesso, ritagliate e posizionate al centro del cerchio la stella della pagina a fianco. Infine, mettete una candela sul sole.

Gli invitati si dispongono intorno al cerchio, mentre il festeggiato lo percorre lentamente, tenendo in mano un mappamondo. Dovrà fare tanti giri quanti anni ha compiuto. Mentre cammina, esibite le foto, raccontandogli ogni momento della sua vita. Questo rito consente al bambino di comprendere il movimento della Terra intorno al Sole e di cogliere il legame tra se stesso e lo scorrere del tempo.

Colora e ritaglia.

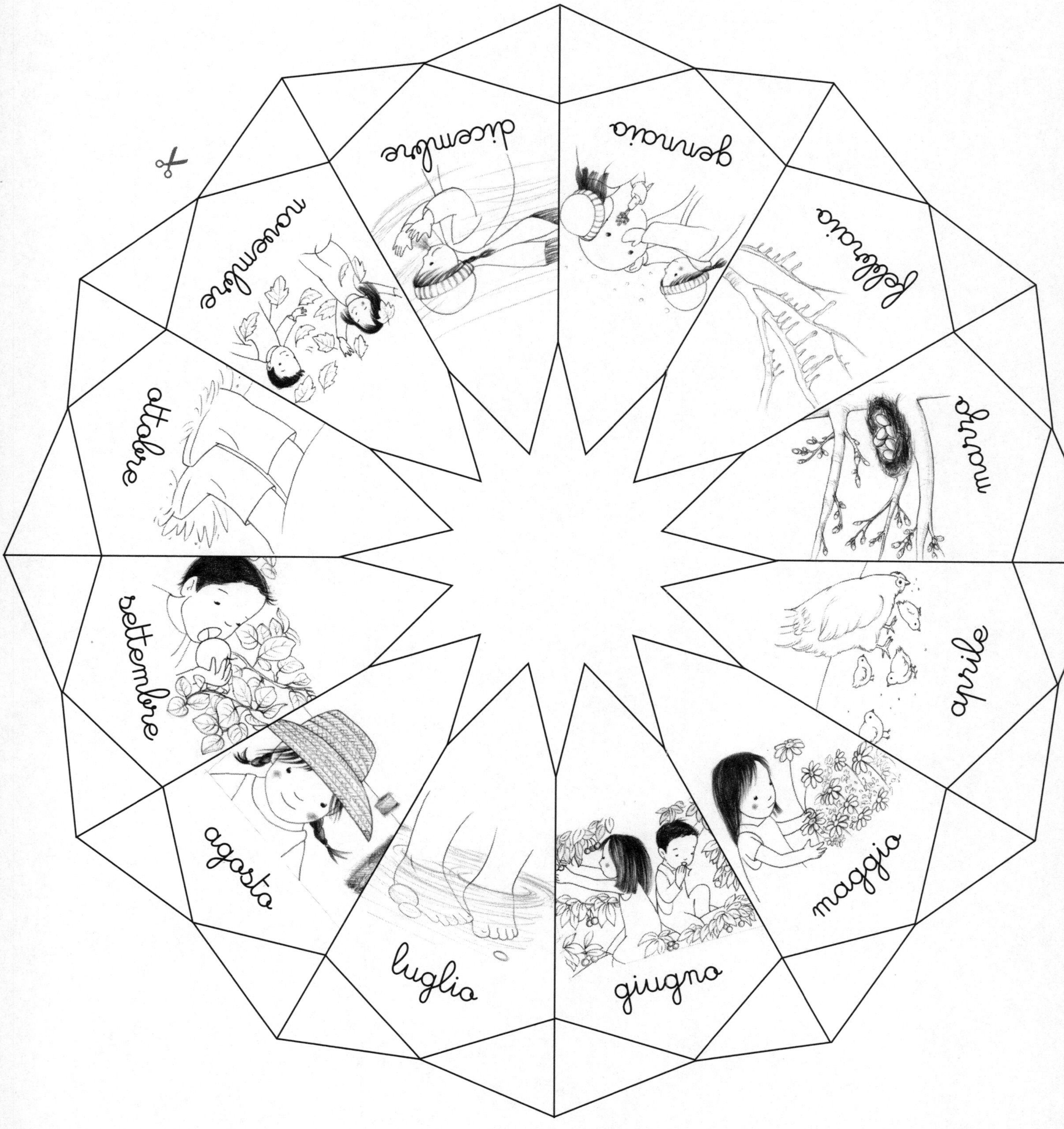

Ritaglia queste etichette: potrai mettere quelle della stagione e del mese in corso nel tuo angolo delle stagioni.
Non dimenticarti di cambiare etichetta il primo giorno di ogni mese!

# L'angolo delle stagioni

Cerca di trovare nella natura degli indizi che ti permettano di indovinare in che stagione siamo.

- Porta a casa i tuoi tesori e disponili sul davanzale di una finestra o su un mobile per comporre il tuo angolo delle stagioni utilizzando le etichette della pagina a fianco.
- Potrai così osservare quello che hai raccolto e creare un mondo tutto tuo.

**Consiglio per i genitori:**
Se il bambino sa leggere, potete realizzare etichette per indicare il nome di ciò che ha trovato nella natura.

# Il gioco delle stagioni

- Ritaglia le carte (a fianco e p. 177).
- Osservale bene per capire quale stagione rappresentano.
- Allinea le 4 carte di ogni stagione (p. 177).
- Ordina le immagini incolonnandole sotto la relativa stagione.
- Per correggerti, volta le carte: sul dorso troverai gli stessi disegni ritratti sulle carte delle stagioni.

**Consiglio per i genitori:**
Per facilitare l'attività e renderla più piacevole, potete colorare le immagini usando una gamma cromatica diversa per ogni stagione. La prima volta, svolgete l'attività insieme al bambino invitandolo a descrivere ciò che vede sulle carte. Lo aiuterà ad associare immagini e stagioni.

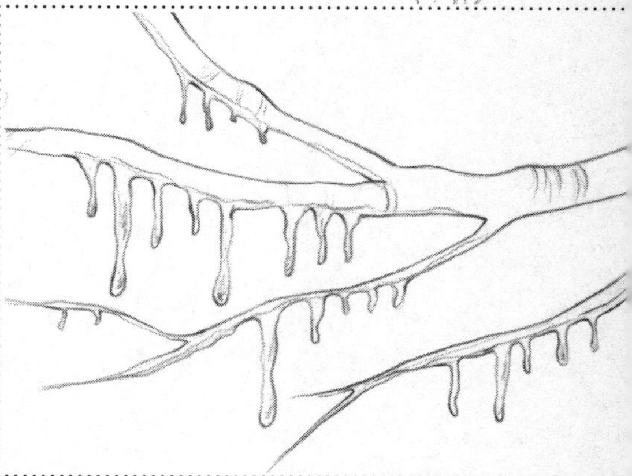

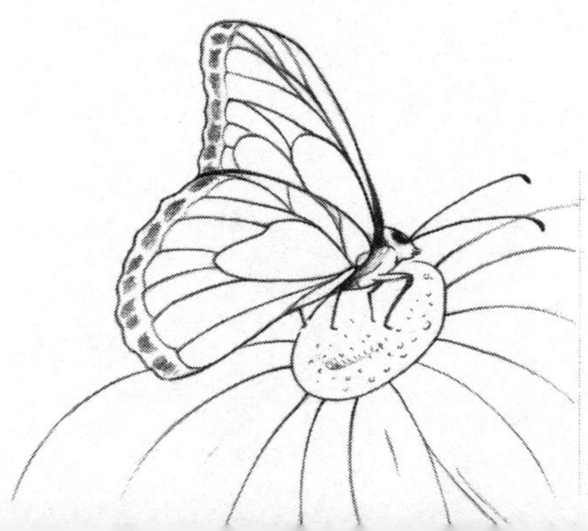

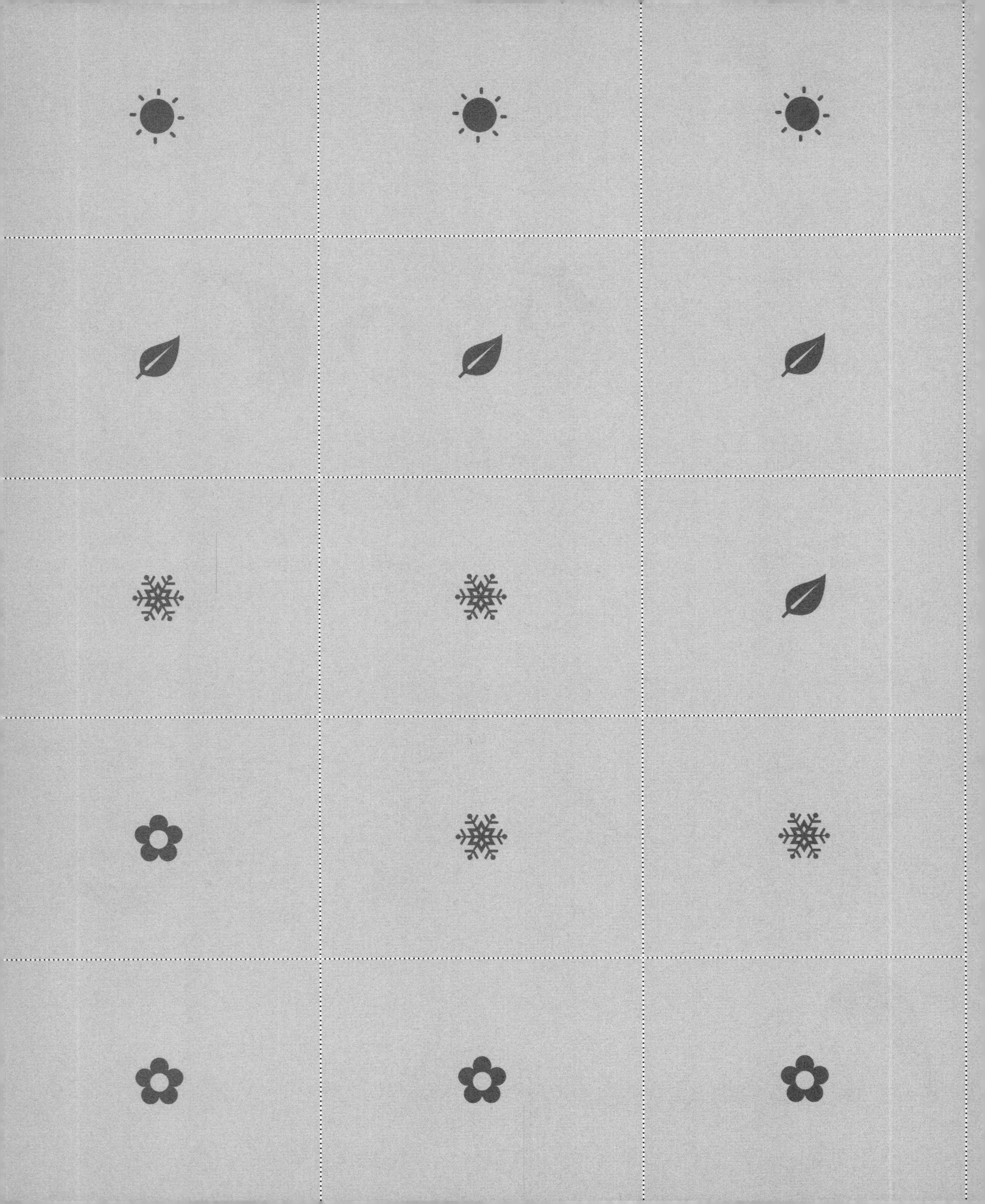

primavera

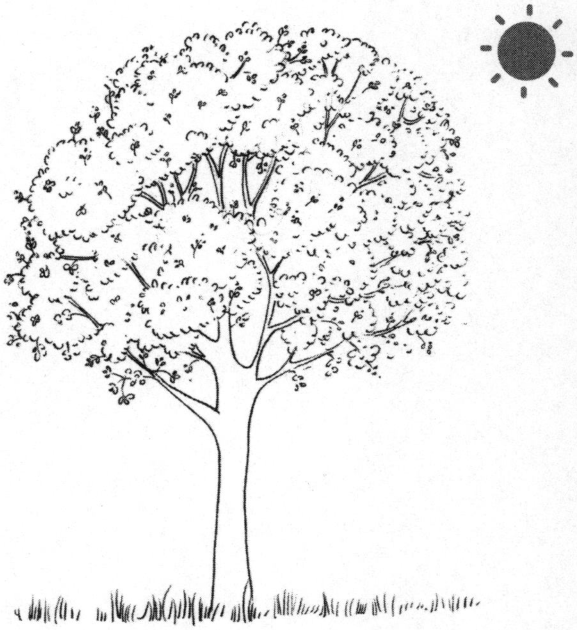

estate

autunno

inverno

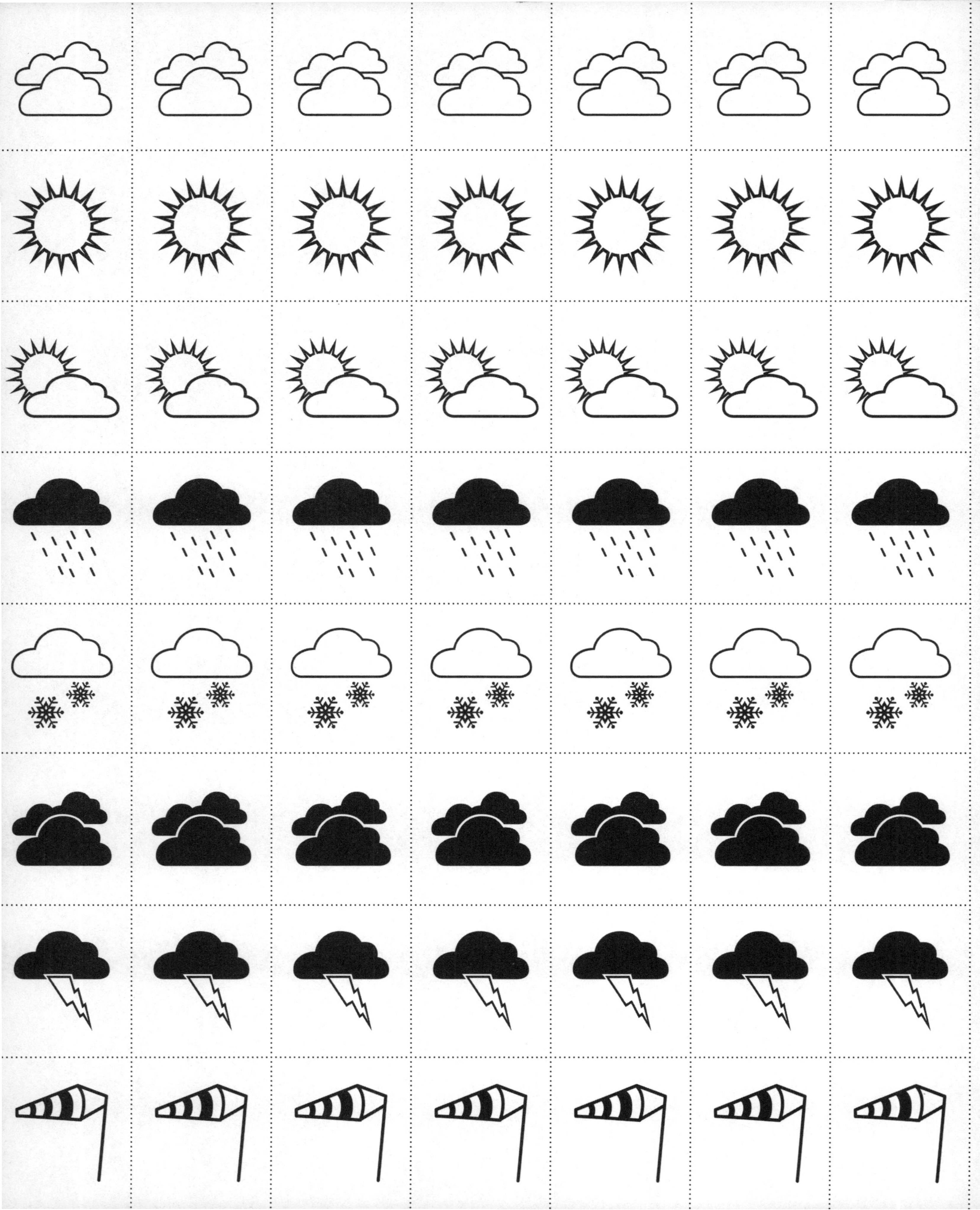

# Il tempo che fa

- Ritaglia le vignette della pagina a fianco.
- Chiedi a un adulto di fabbricarti un taccuino con foglietti spillati insieme.
- Ogni giorno osserva il tempo, scegli una vignetta e incollala su una pagina del tuo taccuino.
- Descrivi il tempo che vedi, senza dimenticare la data.

Per il lessico puoi ispirarti a questo elenco:

 coperto

 soleggiato

 nuvoloso

 piovoso

 nebbioso

 temporalesco

 nevoso

 ventoso

vignette da ritagliare per annotare il tempo che fa

# Scegli i tuoi vestiti

Sai in che stagione siamo?
Indica la casella giusta e colorala.

primavera ○

estate ○

autunno ○

inverno ○

Che tempo fa?
Osserva il cielo e indica la casella giusta.

soleggiato ○

piovoso ○

nuvoloso ○

nevoso ○

Scegli ora i tuoi vestiti in funzione della stagione e del tempo.
Colora quelli che vorresti indossare oggi.

maglietta

camicia

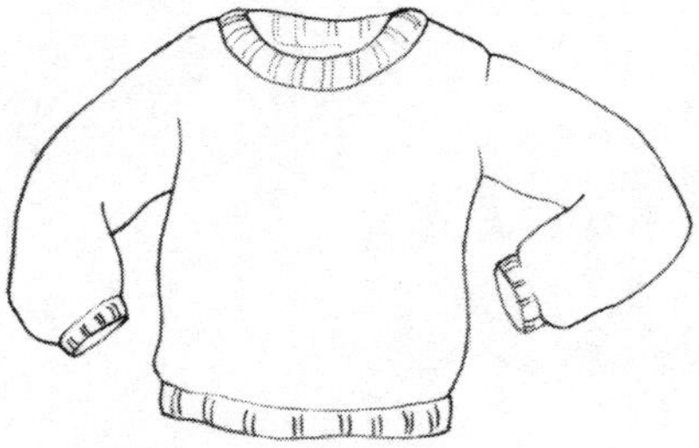
maglione

gonna

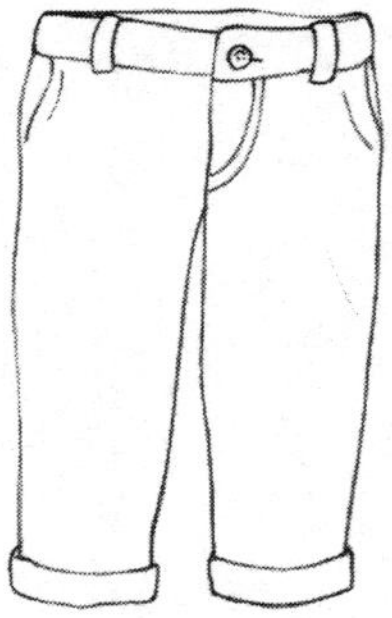
pantaloni

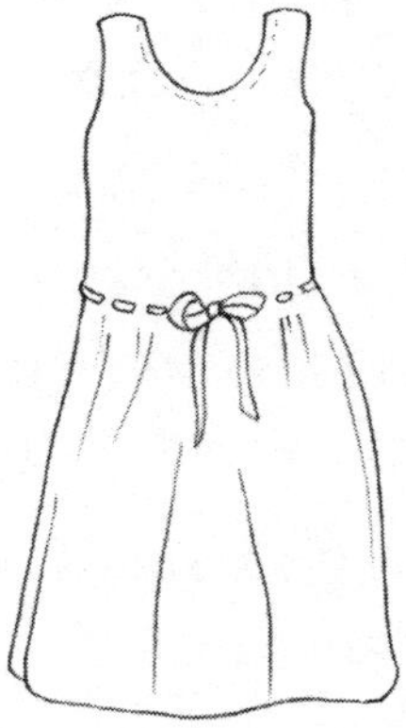
vestito

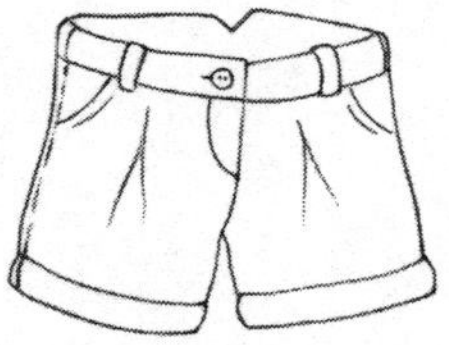
pantaloncini

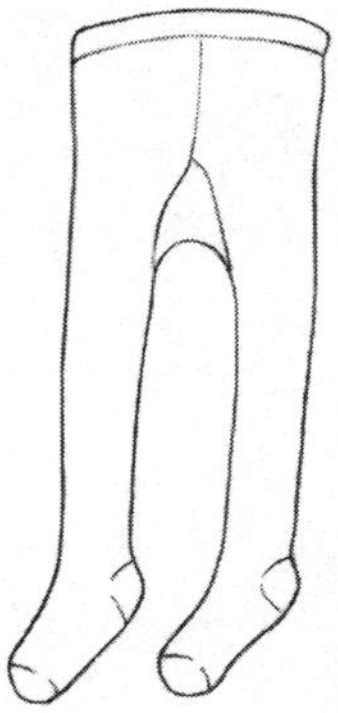
collant

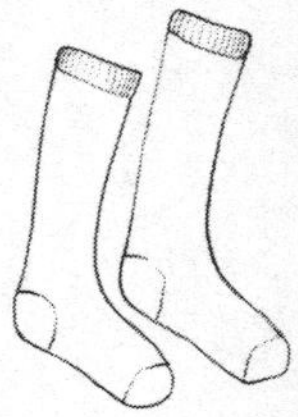
calzini

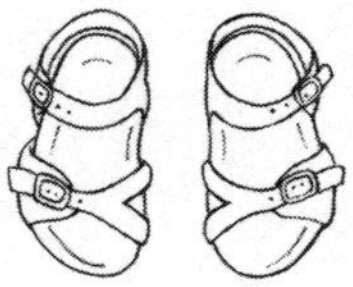
sandali

scarpe da ginnastica

piumino

stivali da pioggia

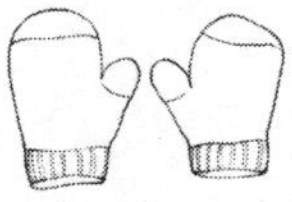
guanti

stivali imbottiti

berretto

impermeabile

giacca a vento

sciarpa

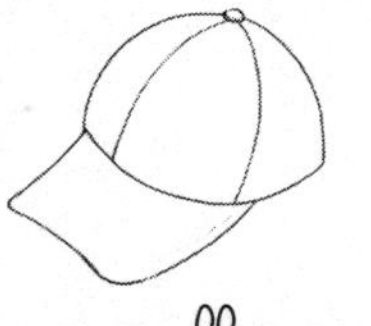
cappellino

## Nella stessa collana:

**Altri libri sulla pedagogia Montessori pubblicati da L'ippocampo**:

- Cofanetto *Le mie lettere Montessori, 26 carte smerigliate da toccare per preparare il bambino a leggere e scrivere,* Marie-Hélène Place, 2016
- Cofanetto *I miei numeri Montessori, 10 carte smerigliate da toccare e 9 carte-puzzle per imparare a contare,* Ève Herrmann, 2016
- *Il mio quaderno Montessori – esercizi manuali, numeri, lettere e suoni, forme, natura...,* Marie Kirchner, 2016
- *60 attività Montessori per il mio bebè – preparare il suo universo, stimolarlo e aiutarlo a fare da solo,* Marie-Hélène Place, 2016
- *100 attività sensoriali Montessori – dai 18 mesi,* Ève Herrmann, 2016
- *100 attività Montessori per scoprire il mondo – dai 3 ai 6 anni,* Ève Herrmann, 2016
- Cofanetto *le mie immagini Montessori, 150 carte a tema per arricchire il vocabolario del bambino e prepararlo alla lettura,* Ève Herrmann, 2016
- Cofanetto *il mio alfbeto mobile Montessori, 160 lettere per formare le prime parole,* Ève Herrmann, 2016
- Cofanetto *il mio cofanetto Montessori degli animali, 57 carte classificate per imparare gli animali e i continenti,* Ève Herrmann, 2016


FSC www.fsc.org MISTO Carta da fonti gestite in maniera responsabile FSC® C022030





ISBN: 978-88-6722-183-7

Traduzione dal francese di Edvige Le Noël

Rilettura di Isabella Micheletti, educatrice montessoriana

www.ippocampoedizioni.it

Stampato in Francia presso JOUVE - N° 2453001J

Etichette da incollare sulle buste per conservare ciò che ritagli

| | | |
|---|---|---|
| i vertebrati | vegetale e animale | la settimana |
| gli animali dei continenti | terra, acqua e aria | sequenze di azioni |
| le case degli animali | il tempo che fa | il gioco delle stagioni |
| le impronte degli animali | l'angolo delle stagioni | |

**pp. 8-9:** etichette da incollare sul tuo planisfero

Oceania
Europa
Antartico
Africa
America del Nord
Asia
America del Sud

**pp. 24-25:** etichette per le tue bandierine

| | | | |
|---|---|---|---|
| lago | lago | isola | isola |
| golfo | goflo | penisola | penisola |
| istmo | istmo | stretto | stretto |
| baia | baia | capo | capo |

**pp. 26-27:** etichette da incollare sui vasetti

aria
terra
acqua

**p. 67:** etichette da incollare sui barattoli

1. aria
2. acqua
3. olio